庄子原义

（内篇）

钟显彪/著

吉林出版集团股份有限公司

图书在版编目（CIP）数据

庄子原义.内篇 / 钟显彪著. — 长春：吉林出版
集团股份有限公司, 2022.4
ISBN 978-7-5731-1389-4

Ⅰ.①庄… Ⅱ.①钟… Ⅲ.①道家②《庄子》—研究
Ⅳ.①B223.5

中国版本图书馆CIP数据核字(2022)第055635号

庄子原义（内篇）

著　　　者	钟显彪	
出版统筹	邢海鸟	
责任编辑	王　平	
封面设计	梦　乡	
开　　　本	710mm×1000mm　1/16	
字　　　数	160千	
印　　　张	12.25	
版　　　次	2022年4月第1版	
印　　　次	2022年4月第1次印刷	

出版发行	吉林出版集团股份有限公司
电　　　话	总编办：010-63109269
	发行部：010-63109269
印　　　刷	河北盛世彩捷印刷有限公司

ISBN 978-7-5731-1389-4　　　　　　　　　　定价：58.00元

前　言

　　《庄子》约成书于先秦时期，今存三十三篇，其中内篇七，外篇十五，杂篇十一。研究认为，内篇由庄子所作，外篇与杂篇由后人所作。内篇大体可代表战国时期庄子思想核心，而外、杂篇发展则纵横百余年，参杂黄老、庄子后学形成复杂的体系。庄子，名周，战国时期宋国蒙人，是东周战国中期著名的思想家、哲学家和文学家，是继老子之后，战国时期道家学派的代表人物之一。

　　《庄子》亦称《南华真经》，其内容丰富，博大精深，涉及"道"、哲学、人生、政治、社会、艺术、等诸多方面。庄子才华横溢、言辞之美、飘逸洒脱，文章想象奇幻，构思巧妙，善用寓言故事和比喻，文笔汪洋恣肆，瑰丽诡谲，意出尘外，对中国文学、审美的发展有着深远的影响。国内外不少哲学家、思想家、科学家、文学家等都喜欢《庄子》。

　　从古至今，虽有众多学者对《庄子》进行诠释、注疏，但由于没有深刻理解其核心"道"，致使对《庄子》的原义存在误解、偏差。如对《庄子·齐物论》中"天地一指也，万物一马也"中的"指""马"喻为何意？对寓言"大鹏鸟""天籁""庖丁解牛""庄周梦蝶""儵、忽和浑沌"等，都没有悟出其"主旨"或"寓意"。对《齐物论》《大宗师》《应帝王》这些题目的含义也是莫衷一是。

　　本书研究认为，《庄子》的核心在阐述"道"。这个"道"与老子《道德经》中的"道"是一脉相承的。这个"道"是物质的，它就是存在于宇宙或天地之间的"元气"，或者称为"混元一气"。在人体中，常把这"元气"又称之为"真气"。人们可以通过"无为""坐忘""心斋"等修炼方法，得到这个"道"，得"道"之人，庄子把他们称为"至人""神人""圣人"，其中的"高人"会有些超出"常人"的认知。一般修炼得法者，体内"道"会越来越多，代之而来的"德"也会"显现"出来。人的"德"充实了，就会得到人们的尊敬和爱戴，就会自处和处世。

《庄子》内七篇，篇篇讲的核心是"道"，而且七篇是有机联系的整体。尽管那些"寓言"是那么的精美，但其仍然是为阐述核心的"道"服务的。明白了"道"的真谛，才能真正理解"寓言"、领悟《庄子》。

本书诠释过程中，由【原文】【注释】【今译】【体悟】【本篇小结】【本篇原文】六部分组成。"原文"引用郭庆藩《庄子集释》本。"体悟"部分重点是对有关"道"的内涵进行深入的探讨。"本篇小结"，旨在对全文进行一个全面系统的总结，包括文章"题目"的含义、全文各段所写的内容。"本篇原文"放在每一篇的最后部分，因在前面所列"原文"是分段进行，没有给出全文的整体面貌，同时，便于读者检验一下自己对全文的理解程度，欣赏着《庄子》的文学艺术之美，说"道"之妙，娴熟于心，为己所用。

作者

2022年4月

目 录

逍遥游 ·· 001

齐物论 ·· 023

养生主 ·· 062

人间世 ·· 073

德充符 ·· 108

大宗师 ·· 130

应帝王 ·· 165

后　记 ·· 184

逍遥游

【原文】

北冥⁽¹⁾有鱼，其名为鲲⁽²⁾。鲲之大，不知其几千里也。化而为鸟，其名为鹏。鹏之背，不知其几千里也；怒⁽³⁾而飞，其翼若垂天之云⁽⁴⁾。是鸟也，海运⁽⁵⁾则将徙于南冥。南冥者，天池也⁽⁶⁾。

《齐谐》⁽⁷⁾者，志⁽⁸⁾怪者也。《谐》之言曰："鹏之徙于南冥也，水击⁽⁹⁾三千里，抟扶摇⁽¹⁰⁾而上者九万里，去以六月息者⁽¹¹⁾也。"野马⁽¹²⁾也，尘埃⁽¹³⁾也，生物之以息相吹⁽¹⁴⁾也。天之苍苍，其正色邪？其远而无所至极⁽¹⁵⁾邪？其视下也，亦若是则已矣⁽¹⁶⁾。

且夫⁽¹⁷⁾水之积也不厚，则其负大舟也无力。覆杯水於坳堂之上⁽¹⁸⁾，则芥⁽¹⁹⁾为之舟；置杯焉则胶⁽²⁰⁾，水浅而舟大也。风之积也不厚，则其负大翼也无力，故九万里则风斯⁽²¹⁾在下矣。而后乃今培风⁽²²⁾，背负青天而莫之夭阏⁽²³⁾者，而后乃今将图南。

蜩与学鸠笑之⁽²⁴⁾曰："我决起而飞⁽²⁵⁾，抢榆枋⁽²⁶⁾，时则不至，而控⁽²⁷⁾于地而已矣，奚以之九万里而南为⁽²⁸⁾？"适莽苍⁽²⁹⁾者，三飡而反⁽³⁰⁾，腹犹果然⁽³¹⁾；适百里者，宿舂粮⁽³²⁾；适千里者，三月聚粮。之二虫又何知⁽³³⁾？

小知不及大知，小年不及大年。奚以知其然也？朝菌不知晦朔⁽³⁴⁾，蟪蛄不知春秋⁽³⁵⁾，此小年也。楚之南有冥灵者，以五百岁为春，五百岁为秋；上古有大椿者，以八千岁为春，八千岁为秋，此大年也。而彭祖⁽³⁶⁾乃今以久特闻，众人匹之，不亦悲乎！

汤之问棘⁽³⁷⁾也是已："穷发⁽³⁸⁾之北有冥海者，天池也。有鱼焉，其广数千里，未有知其修⁽³⁹⁾者，其名为鲲。有鸟焉，其名为鹏，背若太山⁽⁴⁰⁾，翼若垂天之云；抟扶摇羊角⁽⁴¹⁾而上者九万里，绝⁽⁴²⁾云气，负青天，然后图南，且适南冥也。斥鴳⁽⁴³⁾笑之曰：'彼且奚适也？我腾跃而上，不过数仞⁽⁴⁴⁾而下，翱翔蓬蒿之间，此亦飞之至也。而彼且奚适也？'"此小大之辩⁽⁴⁵⁾也。

故夫知效一官⁽⁴⁶⁾，行比一乡⁽⁴⁷⁾，德合一君而微一国者⁽⁴⁸⁾，其自视也亦若此矣。而宋荣子犹然笑之⁽⁴⁹⁾，且举世而誉之而不加劝⁽⁵⁰⁾，举世而非之而不加沮，定乎内外之分⁽⁵¹⁾，辩乎荣辱之境，斯已矣。彼其于世未数数然⁽⁵²⁾也。虽然，犹有未树⁽⁵³⁾也。

夫列子御风而行⁽⁵⁴⁾，泠然⁽⁵⁵⁾善也，旬有五日而后反。彼于致福者，未数数然也。此虽免乎行，犹有所待⁽⁵⁶⁾者也。若夫乘天地之正⁽⁵⁷⁾，而御六气之辩⁽⁵⁸⁾，以游无穷者，彼且恶乎待⁽⁵⁹⁾哉？故曰：至人无己，神人无功，圣人无名。

【注释】

（1）冥：冥海，传说中的大海。冥，本义有昏暗、深奥等多义。

（2）鲲（kūn）：本指鱼子，也就是鱼卵。《尔雅·释鱼》："鲲，鱼子。"本篇里为大鱼之名。

（3）怒：本义生气、气愤，气势盛，如"心花怒放"。此指奋起、奋发之义。

（4）垂天之云：天边垂下的云。《说文》：垂，远边也。

（5）海运：海水运动。形容六月的大海，汹涌澎湃、风起云涌，鹏借海风之力而起飞。

（6）天池也：天然的大池。也，语气助词。

（7）齐谐：书名。一说人名。

（8）志：记述、记载。"志"的异体字也写作"誌"。

（9）击：拍打。这里指鹏鸟奋飞而起双翼拍打水面。

（10）抟扶摇：凭借大风盘旋而上。抟（tuán），本义指凭借。扶摇，指盘旋而上。

（11）去以六月息者：乘着六月风而去。去，指飞向南海。息，气息，即风。

（12）野马也：比喻空中游气。

（13）尘埃也：比喻空中游尘。

（14）生物之以息相吹：生物急促的气息相互吹拂着。

（15）极：尽。

（16）则已矣：便罢了。已，止、罢了。矣，用在句末，跟"了"相同。

（17）且夫：且、夫，文言发语词，用在句首，表示要发表议论，提起话题。

（18）坳堂之上：厅堂地面上的坑凹处。坳（ào），坑凹处。

（19）芥：小草。

（20）胶：粘住、滞停。

（21）斯：则、就。

（22）培风：强风、暴风。培，本义为保护植物或墙堤等，在根基部分加土。衍义指"增益""增添"。

（23）莫之夭阏：没有什么可以阻挡。夭阏，又写作"夭遏"，夭（yāo），本义指屈、摧折，也指草木茂盛美丽。阏（è），堵塞、闸板。

（24）蜩与学鸠笑之：蝉与小鸟笑大鹏鸟。蜩（tiáo），蝉。学鸠，一种小灰雀，这里泛指小鸟。

（25）决起而飞：急速起飞。决（xuè），快、疾。《庄子·齐物论》："麋鹿见之决骤。"

（26）抢榆枋：撞到榆枋树。抢（qiāng），碰、撞、逆。榆、枋（fāng），榆树、枋树。

（27）控：投下、跌落。

（28）奚以之九万里而南为：何必要飞到九万里的高空再飞往南海呢。奚以，何以。奚，文言疑问代词"什么、哪里"；文言副词"怎么、为什么"。为，句末疑问语气词。

（29）适莽苍：往近郊去。适（shì），往。《尔雅》："适，往也。"莽苍，指迷茫看不真切的郊野。

（30）三飡而反：只带上三餐当天就可以往返。飡（cān）同"餐"。反，返回。

（31）腹犹果然：肚子还饱饱的。犹，还。果然，饱的样子。

（32）宿舂粮：要用一整夜时间准备干粮。宿，夜。舂（chōng），舂米。

（33）知：知识、见识。"知"当发音一声（zhī）时，意思为"知识、见识、认知"等；"知"当发音四声（zhì）时，意思为"智"。

（34）朝菌不知晦朔：朝生暮死的菌虫不会知晓夜里的幽暗。朝，清晨。晦，农历每月的末一天、夜晚等义。朔，为一月之始，阴历每月的初一称为"朔"，由于"朔日"是看不见月的，引申"幽暗"之义。《列子·汤问》："朽壤之上有菌芝者，生于朝，死于晦。"

（35）蟪蛄不知春秋：知了不会知晓一年的时光。蟪蛄（huì gū），属于蝉科，又名"知了"，种类很多，春生夏死，夏生秋死。

（36）彭祖：古代传说中长寿的人物。各家记录不一，或说七百岁或说八百岁。

（37）汤之问棘：商汤询问棘。汤，商汤。棘，汤时的贤人。汤之问棘的故事，见于《列子·汤问》篇。

（38）穷发：不长草木的地方。发，指草木。

（39）修：长。

（40）太山：大山。一说为"泰山"。

（41）羊角：旋风回旋向上如羊角状。

（42）绝：越过。《荀子·劝学》："假舟楫者，非能水也，而绝江河。"

（43）斥鴳：一种小鸟。鴳（yàn），鹑的一种。

（44）仞：古代长度单位，周制为八尺，汉制为七尺，这里应从周制。

（45）辩：通作"辨"，辨别、区分之义。

（46）故夫知效一官：才智可以担任一官的职守。故，所以、因此。夫，助词，用于句首，有提示作用。知（zhì），智。效，授官、任命。

《左传·昭公二十六年》："宣王有志，而后效官。"

（47）行比一乡：行为能亲密一乡的人。《说文》："比，密也。"引申并列、亲近、挨近、相连接等义。一乡，为12500家。《周礼·地官·大司徒》："令五家为比，使之相保；五比为闾，使之相爱；四闾为族，使之相葬；五族为党，使之相救；五党为州，使之相赒（zhōu）；五州为乡，使之相宾。"

（48）德合一君而徵一国者：德可以投合一君而可召唤一国的人。德，德行。君，周代"君"主要指朝廷官员及诸侯国、方国的首领；战国时又用作功臣或贵族的封号；后世便衍生成帝王之称，指一国之国君，即最高统治者。徵（zhēng），简体字"征"，召。

（49）宋荣子犹然笑之：宋荣子神态轻松笑之。宋荣子，一名宋钘，宋国人，战国时期的思想家。犹然，神态轻松的样子。

（50）且举世而誉之而不加劝：推举给你世上的荣誉，你不更加鼓励。举，推举。世，世代。而，你。劝，受到鼓励。《管子·八观》："赏庆信必，则有功者劝。""劝"在古代汉语中多指鼓励、奖励（做好事）；现代汉语偏重于劝阻、规劝（别做坏事）。

（51）定乎内外之分：认定自身与身外之物的区分。内外，这里分别指自身和身外之物。

（52）数数然：急急忙忙的样子。数（shuò），屡次。

（53）犹有未树：还未能有所建树。

（54）夫列子御风而行：列子能驾驭风行走。故事见于《列子·黄帝篇》。列子，名叫列御寇，战国时代思想家。御，驾驭。

（55）泠然：飘然、轻盈美好的样子。泠（líng），清凉。

（56）犹有所待：还有所期待。犹，还、尚且。待，依凭、依靠。如《商君书·农战》："主待农战而尊。"

（57）若夫乘天地之正：倘若顺应天地之规律。乘（chéng），本义是登上去。"乘"还有顺应和趁着的意思，如：乘风破浪、乘虚而入。正，规律、规则。

（58）而御六气之辩：而把握每个季度"六个节气"的变化规律。御，驾驭。六气，一个月两个节气，一个季度六个节气，一年四季二十四个节气。辩，通作"辨"，变化的意思。

（59）彼且恶乎待：他有何期待。恶（wū），何、什么。

【今译】

北方的大海里有一条鱼，它的名字叫鲲。鲲的巨大，不知有几千里。鲲变化而成为鸟，它的名字叫鹏。鹏的脊背，不知有几千里；它奋起而飞的时候，展开的双翅就像天边垂下的云。这只鹏鸟，在大海风起云涌之时，则借助风力迁徙到南方的大海。那南海，是个天然的大池。

《齐谐》是一部专门记载怪异事情的书。这本书上记载说："鹏鸟迁徙到南方的大海，翅膀拍击水面激起三千里的波涛，凭借大风盘旋而上九万里高空，离去北海时正是乘着六月的大风。"像野马奔腾一样的雾气，飘飘扬扬的尘埃，伴随在雾气里的各种生物急促的气息相互吹拂着。天色深蓝，是它真正的颜色吗？它的高旷辽远是没有尽头的吗？鹏鸟在高空往下看，看见的应该也是这个样子。

水的聚积不深厚，它浮载大船就没有力量。倒杯水在厅堂的低洼地上，放一根小草可以当作船；而放置杯子（当作船）就会被粘住不动了，这是水浅而船大的缘故。（天空中的）风聚积得不深厚，托负鹏鸟巨大翅膀的力量也就不够了。所以，鹏鸟高飞九万里，那厚积的风就在它的身下。因此方才乘着暴风飞行，背负青天而没有什么可以阻遏它了，然后将像现今这样飞到南海。

寒蝉与小鸠鸟讥笑鹏鸟说："我们从地面急速起飞，碰着榆树、枋树的树枝就停下来，有时飞不上去投落回地面就是了，何必要飞到九万里的高空再飞往南海呢？"往近郊去的，只带上三餐当天就可以往返，肚子还饱饱的；往百里之外去，要用一整夜时间准备干粮；往千里之外去，三个月以前就要准备粮食。寒蝉与小鸠鸟又懂得什么？

小见识不及大见识，寿命短的不及寿命长的。怎么知晓是这样呢？朝生暮死的菌虫不会知晓夜里的幽暗，春生夏死、夏生秋死的寒蝉，不会知晓一年的时光，这就是"小年"——短寿者的见识。楚国南边有种冥灵的大龟，以五百年为一个春季，以五百年为一个秋季；上古时代有种叫大椿的古树，以八千年为一个春季，以八千年为一个秋季（这就是"大年"——长寿者的见识）。而彭祖到现今还是以长寿而闻名于世，众人都想与他相比，岂不是可悲可叹！

商汤询问棘的话是这样的："在那草木不生的北方，有个很深的大海，就是天然的大池。那里有鱼，它大有数千里，没有人知晓它有多长，它的名字叫鲲。那里有鸟，它的名字叫鹏，鹏的脊背像大山，展开双翅就像天边垂下的云，乘着像羊角般的旋风，而直冲九万里高空，穿过云气，背负青天，然后向南飞翔，进而飞到南方的大海。斥鴳小鸟讥笑它说：'它要飞到哪里去呢？我腾跃而上，不过几丈高就落下来，翱翔蓬蒿之间，这也是我飞翔的极限了。而鹏鸟究竟要飞到哪里去呢？'"这就是"小"与"大"的区别了。

所以那些才智可以担任一官的职守，行为能亲密一乡的人，德可以投合一君而可召唤一国的人，他们自视也如此。而宋荣子神态轻松笑之。推举给你世上的荣誉，你不更加鼓励；推举给你世上的非难，你不更加沮丧，认定自身与身外之物的区分，辨别荣誉与耻辱的界限，不过如此而已！宋荣子对于世俗的声音并没有汲汲去追求。虽然如此，还未能有所建树。

列子能驾驭风行走，那样子实在轻盈美好，十五天（一个节气）后而返回。列子对于寻求幸福，从来没有汲汲去追求。这样虽然免于步行，但是竟有所依待。尚若顺应天地之规律，而把握（一个季度）六个节气之辨别，以遨游于无穷无尽的境域，他期待什么呢？因此说：至人达到"无我"的境界，神人达到"无功"的境界，圣人达到"无名"的境界。

【体悟】

（1）"去以六月息者也"之义

这里"息"有两种讲法：一是"作息、止息"讲；二是作"风"讲。

按前一种讲法，本句解译为："（大鸟）一去半年，至天池而息。"按后一种讲法，本句解译为："（大鸟）离去北海时正是乘着六月的大风。"

笔者认为"息"应理解为"风"。理由一是：本句接着有"生物之以息相吹也"的"息"，正是指"风"。理由二是：本文下段有："夫列子御风而行，泠然善也，旬有五日而后反。若夫乘天地之正，而御六气之辩，以游无穷者，彼且恶乎待哉？"。"而御六气之辩"的意思是：而把握每个季度的"六个节气"的变化。

这里"旬有五日""乘天地之正""御六气之辩"，都强调了"乘风"与"时令"的重要关系。

（2）"鲲鹏"寓言的寓意

"冥"本义有昏暗、深奥、幽等义，引申为头脑愚昧、不明事理。"冥"字的组词与"道"密切相关。冥一：浑沌成一；冥心：清心静欲；冥昧：混沌。

"鲲"的本义是"鱼卵"。庄子在本文"反义"用之，将"鲲"称之为"大鱼"。这条大鱼，靠着它的本领，不可能由北海游到南海的，所以，"鲲"变成"大鸟"——鹏。由"鲲"变成"鹏"，庄子把它叫"物化"（见《应帝王》篇）。

"鲲鹏"在常人看来是无法想象的"大鱼""大鸟"，可是把它们放在天地（宇宙）里它们并不大。《齐物论》篇里有："天下莫大于秋豪之末，而大山为小……"。

按照中国人"天人合一"的思维，北方冷，南方热，即北方属"阴"，南方属"阳"。从人身来说，上为阳，下为阴；外为阳，内为阴；背为阳，腹为阴；动为阳，静为阴。

"北海"的寓意为人体的"下丹田"；"南海"寓意为人体的"上丹田"。由北海到南海，寓意是人修炼"真气"沿着人体"督脉"运行。这里也预示内篇（七篇）"文章"的开始，亦为修炼的开始。

（3）"而御六气之辩"之义

以往解释"六气"是指"阴、阳、风、雨、晦、明"。《黄帝内经·素问·六节藏象论》："五日谓之候，三候谓之气，六气谓之时，四时谓之岁。"这里"气"指节气，一节气大约15日，六气即六节气日，大约90天，即3个月，为一时（季）。而描述列子能驾驭风行走，十五天（一个节气）后而返回的意思，这里的"六气"解释应为"六个节气"，这也与前述大鹏鸟"乘六月之风"是一个道理——等待利用天气的变化。

（4）"夫列子御风而行，泠然善也，旬有五日而后反。彼于致福者，未数数然也。此虽免乎行，犹有所待者也。若夫乘天地之正，而御六气之辩，以游无穷者，彼且恶乎待哉"中的"待"之义。

列子"犹有所待"的对象，显然是后一句："乘天地之正，而御六气之辩"，是"期待"的"风"。"彼且恶乎待哉"中的"待"的对象，显然是后一句："故曰：至人无己，神人无功，圣人无名。"这里"期待"的是成为"至人、神人、圣人"。

"待"字的本义为期待、等待、依靠、依凭等。前人多数学者将"待"解释为"依赖"。这可能受下一篇《齐物论》的影响。《齐物论》："罔两问景曰："曩子行，今子止；曩子坐，今子起。何其无特操与？"景曰："吾有待而然者邪？吾所待又有待而然者邪？吾待蛇蚹蜩翼邪？恶识所以然！恶识所以不然！"显而易见，《齐物论》这则寓言中的"待"，应解译为："依靠""依赖"或"依凭"。

以往在本篇《逍遥游》中，将"待"解释为"依赖"，导致了对《逍遥游》主旨的误读。导致把"有所待"理解为不自由，进而误解《逍遥游》主旨为"追求绝对自由"，庄子有"不切实际的幻想"等。

事实上，"一个字"往往有多个意思，那么，在不同的文章中，解译为"不同"的意思是很常见的！

（5）"至人无己，神人无功，圣人无名"之义

在《庄子·齐物论》等篇中都有较详细阐述。《庄子·杂篇·天下》："天下之治方术者多矣，皆以其有为不可加矣！古之所谓道术者，果恶乎在？曰：'无乎不在。'曰：神何由降？明何由出？""圣有所生，王有所成，皆原于一。"不离于宗，谓之天人；不离于精，谓之神人；不离于真，谓之至人。以天为宗，以德为本，以道为门，兆于变化，谓之圣人。"

"皆原于一"，就是"皆原于道"，这里的"一"就是"混元一气"，也就是"道"。这里的"宗、精、真"都是指"道"，所以，神人、至人、圣人都是不离"道"的。

（6）"故夫知效一官……圣人无名"之义

这段内容很重要，它起到"承上启下"的作用。有前面"鲲鹏"的寓言，承接到人"入道"的标准。像智、行、德崇高的人没有"入道"（逍遥游）；像宋荣子这样的人——还未能有所建树（未入道）；像列子这样的人——还有所期待（还没有入道）。最后说"至人无己，神人无功，圣人无名"，他们都是入道、得道的人。

（7）本段内容的真正寓意

《庄子》各篇都在讲"道"，所以在这里简要说明一下"道"的含义！历史上有"老庄"之学说。老庄就是指老子和庄子。老子是道家学派的创始人，他攥写了《道德经》；庄子是道家学派的代表人物，他与他的弟子撰写了《庄子》。"道"就是指"元气"或"混元一气"，它存在于天地各处，它先天地而生。"道"在人体也称为"真气"，但没有进行修炼的人是感觉不到的。人们只有通过修炼（修真、修道），使真气集聚（积蓄），才能感知真气的存在，这也就是"道"从"无"到"有"的过程。真气在体内集聚多了，就可以在体内有规律的运行，人就可以体会其中的"妙道"。

"大鹏南徙"的寓言，表面是描写大鹏"逍遥游"，实则是描写人在"修道"的过程。

"道"从无到有——"北冥有鱼，其名曰鲲……化而为鸟，其名为鹏。是鸟也，海运则将徙于南冥"；"汤之问棘也是已：穷发之北有冥海者……"

"道"积蓄的重要性——"且夫水之积也不厚……而后乃今将图南。"大鹏鸟达到了"逍遥"的境界，因它由"鲲"到"鹏"，"积蓄能量"由北冥到达了南冥。

俗人讥笑"修道"人——蜩与学鸠笑之曰："我决起而飞……奚以之九万里而南为？"蜩与学鸠在原地而飞，没有积蓄能量，到达不了远处，它们没有达到"逍遥"的境界。

"入道"（逍遥游）——"故夫知效一官……而宋荣子犹然笑之……犹有未树也。夫列子御风而行……犹有所待者也……故曰：至人无己，神人无功，圣人无名。"

（8）对前人认识的否定

前人研究认为：本篇阐述"无所依凭"的主张，追求精神世界的"绝对自由"。在庄子的眼里，客观现实中的一事一物，包括人类本身都是对立而又相互依存的，这就没有绝对的自由，要想无所依凭就得无己。因而他希望一切顺其自然，超脱于现实，否定人在社会生活中的一切作用，把人类的生活与万物的生存混为一体；提倡不滞于物，追求无条件的精神自由。

笔者认为，以上观点是对庄子的重大曲解和误解。纵观庄子内篇各篇，核心都是讲"道"与其应用。"逍遥游"不是"绝对自由"的境界，而是进入"道"的境界。至于"道"是什么？已经在前言中说了——"道"是"元气"，在人身也就叫"真气"。

【原文】

尧让天下于许由⁽¹⁾，曰："日月出矣，而爝火⁽²⁾不息；其于光也，不亦难乎！时雨降矣，而犹浸灌，其于泽也，不亦劳乎！夫子立⁽³⁾而天下治，而我犹尸⁽⁴⁾之，吾自视缺然⁽⁵⁾。请致天下。"

许由曰："子治天下，天下既已治也。而我犹代子，吾将为名乎？名者，实⁽⁶⁾之宾也，吾将为宾乎？鹪鹩⁽⁷⁾巢于深林，不过一枝；偃鼠⁽⁸⁾饮河，不过满腹。归休乎君，予无所用天下为！庖人虽不治庖⁽⁹⁾，尸祝不越樽俎⁽¹⁰⁾而代之矣。"

肩吾问于连叔曰⁽¹¹⁾："吾闻言于接舆⁽¹²⁾，大而无当⁽¹³⁾，往而不返。吾惊怖其言，犹河汉⁽¹⁴⁾而无极也；大有迳庭⁽¹⁵⁾，不近人情焉。"

连叔曰："其言谓何哉？"

"曰：'藐姑射之山⁽¹⁶⁾，有神人居焉。肌肤若冰雪，淖约若处子⁽¹⁷⁾；

不食五谷，吸风饮露；乘云气，御飞龙，而游乎四海之外。其神凝⁽¹⁸⁾，使物不疵疠⁽¹⁹⁾而年谷熟。'吾以是狂而不信⁽²⁰⁾也。"

连叔曰："然！瞽者无以与乎文章之观⁽²¹⁾，聋者无以与乎钟鼓之声。岂唯形骸有聋盲哉⁽²²⁾？夫知亦有之！是其言也，犹时女⁽²³⁾也。之人也，之德也，将旁礴万物以为一⁽²⁴⁾，世蕲乎乱⁽²⁵⁾，孰弊弊⁽²⁶⁾焉以天下为事！之人也，物莫之伤，大浸稽天⁽²⁷⁾而不溺，大旱金石流，土山焦而不热。是其尘垢秕糠，将犹陶铸尧舜者也⁽²⁸⁾，孰肯以物为事⁽²⁹⁾。"

宋人资章甫而适诸越⁽³⁰⁾，越人断发文身⁽³¹⁾，无所用之。尧治天下之民，平海内之政⁽³²⁾，往见四子藐姑射之山，汾水之阳⁽³³⁾，窅然丧其天下⁽³⁴⁾焉。

【注释】

（1）尧让天下于许由：尧打算把天下让给许由。尧，古代传说中的中国帝王，号陶唐氏，史称唐尧，他死后通过禅让制度由舜继位。许由，古代传说中的高士。相传尧要让天下给他，他自命高洁而不受。

（2）爇火：炬火，木材上蘸上油脂燃起的火把。爇（jué），火把。

（3）夫子立：先生如能居于国君之位。子，对人的尊称。立，位、在位。

（4）尸：庙中的神主，这里用其空居其位，虚有其名之义。

（5）缺然：不足的样子。

（6）"名者，实之宾"：名是实的宾位，即名是实的从属者。宾，次要的、派生的东西。

（7）鹪鹩（jiāo liáo）：一种小型鸣禽。

（8）偃（yǎn）鼠：鼹鼠，即田野地行鼠。

（9）庖人虽不治庖：厨师即使不下厨。庖人，厨师。

（10）尸祝不越樽俎：祭祀主持人也不会越位代他来下厨。尸祝，祭祀时主持祭祀的人。樽（zūn），古代酒器。俎（zǔ），古代盛肉的器皿。"樽俎"指厨事。

（11）肩吾问于连叔曰：肩吾问于连叔说。肩吾、连叔，旧说皆为有道之人，实是庄子为表达的需要而虚构的人物。

（12）接舆：楚国的隐士，姓陆名通，接舆为字。

（13）大而无当：大话连篇没有边际。当（dàng），底，边际。

（14）河汉：银河。

（15）大有迳庭：太过度、太离题。迳，门外的小路。庭，堂外之地。"迳庭"连用喻指差异很大。

（16）藐姑射之山：在遥远的姑射山上。藐（miǎo），遥远的样子。姑射（yè），传说中的山名。

（17）淖约若处子：体态柔美如处女。淖（chuò）约，柔弱、美好的样子。处子，处女。

（18）神凝：精神专注。

（19）疵疬（cī lì）：灾害、疾病。

（20）吾以是狂：我认为这是虚妄之言。以，认为。狂，通作"诳"，虚妄之言。

（21）瞽者无以与乎文章之观：对于瞎子没法参与欣赏色彩。瞽（gǔ），盲。文章，花纹、色彩。

（22）岂唯形骸有聋盲哉：难道只是形骸上有聋与瞎。

（23）犹时女：似乎就是说你。时，同是。女，汝、你。

（24）将旁礴万物以为一：将广大的万物认为是一类。旁礴，广大、盛大。旁，通作"磅"。一，一类。

（25）世蕲乎乱：世人祈求的杂乱目标。蕲（qí），祈、求。

（26）孰弊弊：谁会忙忙碌碌。孰，谁。弊弊，辛苦疲惫貌。

（27）大浸稽天：滔天的大水。大浸、大水。稽，至。

（28）将犹陶铸尧舜者：可造就出尧舜那样的圣贤来。秕，瘪谷。穄，糠字之异体。陶，用土烧制瓦器。铸，熔炼金属铸造器物。

（29）孰肯以物为事：他怎么会忙着管理俗事当作己任。

（30）宋人资章甫而适诸越：宋国有人贩卖帽子到南方的越国。资，贩卖。章甫，古代殷地人的一种礼帽。适，往。诸，于。越，今浙江绍兴一带。

（31）越人断发文身：越国人不蓄头发，满身刺着花纹。断发，不蓄头发。
文身，在身上刺满花纹。越国处南方，习俗与中原的宋国不同。

（32）平海内之政：安定了海内的政局。

（33）汾水之阳：汾水的北面。阳，山的南面或水流的北面。

（34）窅然丧其天下：不禁茫然忘其身居天下之位。窅（yǎo）然，怅然
若失的样子。丧（sàng），丧失、忘掉。

【今译】

尧打算把天下让给许由，说："太阳和月亮都已升起来了，而小小的
炬火还在燃烧不熄；燃烧炬火的光，不是为难吗？季雨及时降落了，而
还在不停地浇水灌地；人工灌溉润泽，不是很徒劳吗？先生如能居于国
君之位，天下一定会获得大治，而我还空居其位；我自己看能力不足，
请给予天下于你。"许由回答说："你治理天下，天下已经获得了大治，
而我却还要去替代你，我将是为了名声吗？'名'是'实'所派生出来的
次要东西，我将去追求这次要的东西吗？鹪鹩在森林中筑巢，不过占用
一棵树枝；鼹鼠到大河边饮水，不过喝满肚子。你还是打消念头回去吧，
天下对于我来说没有什么用处啊！厨师即使不下厨，祭祀主持人也不会
越位代他来下厨。"

肩吾问于连叔说："我听接舆谈话，大话连篇没有边际，一说下去
就回不到原来的话题上。我惊恐他的言谈，就好像天上的银河没有边际，
跟一般人的言谈差异甚远，不近人言的情理了。"连叔问："他说的是些
什么呢？"肩吾转述说："在遥远的姑射山上，有位神人居住，他的皮肤
润白像冰雪，体态柔美如处女，不食五谷，吸清风饮甘露，乘云气，驾
飞龙，而遨游于四海之外。他精神集中时，能使物不受灾害谷物丰收。
我认为这是虚妄之言而不相信。"连叔听后说："是呀！对于瞎子没法参
与欣赏色彩，对于聋子没法参与聆听钟鼓的乐声。难道只是形骸上有聋
与瞎吗？认知上也有聋和瞎啊！这话似乎就是说你肩吾的呀。那位神人，

他的德行，将广大的万物认为是一类，世人祈求的杂乱目标，他会忙忙碌碌以管理天下当成回事！那位神人呀，外物没有什么能伤害他，滔天的大水不能淹没他，天下大旱使金石熔化、土山焦裂，他也不感到灼热。他所留下的尘埃以及瘪谷糠麸之类的废物，也可造就出尧舜那样的圣贤来，他怎么会忙着管理俗事当作己任呢！"

宋国有人贩卖帽子到南方的越国，越国人不蓄头发，满身刺着花纹，用不着帽子。尧治理好天下的百姓，安定了海内的政局，往遥远的姑射山上，汾水的北面，去拜见四位得道的高士，不禁茫然忘其身居天下之位。

【体悟】

"将旁礴万物以为一"含义

"万物以为一"是《齐物论》中论述的核心内容，从此可以看出庄子内篇是有机的联系体。"万物以为一"的意思，就是"万物认为一类"。

【原文】

惠子⁽¹⁾谓庄子曰："魏王贻我大瓠之种⁽²⁾，我树之成而实五石⁽³⁾。以盛水浆，其坚不能自举也；剖之以为瓢，则瓠落无所容⁽⁴⁾。非不呺然⁽⁵⁾大也，吾为其无用而掊之⁽⁶⁾。"

庄子曰："夫子固拙于用大矣。宋人有善为不龟手⁽⁷⁾之药者，世世以洴澼絖⁽⁸⁾为事。客闻之，请买其方⁽⁹⁾以百金。聚族而谋曰：'我世世为洴澼絖，不过数金；今一朝而鬻⁽¹⁰⁾技百金，请与之。'客得之，以说⁽¹¹⁾吴王。越有难⁽¹²⁾，吴王使之将，冬与越人水战，大败越人，裂地而封之。能不龟手一也，或以封，或不免于洴澼絖，则所用之异也。今子有五石之瓠，何不虑以为大樽⁽¹³⁾而浮于江湖，而忧其瓠落无所容？则夫子犹有蓬之心⁽¹⁴⁾也夫！"

惠子谓庄子曰："吾有大树，人谓之樗⁽¹⁵⁾。其大本拥肿而不中绳墨⁽¹⁶⁾，其小枝卷曲而不中规矩，立之涂⁽¹⁷⁾，匠人不顾。今子之言，大而无用，众所同去也。"

庄子曰："子独不见狸狌⁽¹⁸⁾乎？卑身而伏，以候敖⁽¹⁹⁾者；东西跳梁⁽²⁰⁾，不辟⁽²¹⁾高下；中于机辟⁽²²⁾，死于罔罟。今夫斄牛⁽²³⁾，其大若垂天之云。此能为大矣，而不能执鼠。今子有大树，患其无用，何不树之于无何有之乡，广莫之野，彷徨⁽²⁴⁾乎无为其侧，逍遥⁽²⁵⁾乎寝卧其下。不夭斤斧⁽²⁶⁾，物无害者，无所可用，安所困苦哉！"

【注释】

（1）惠子：宋国人，姓惠名施，做过梁惠王的相。惠施本是庄子的朋友，为先秦名家代表，但本篇及以下许多篇章中所写惠施与庄子的故事，多为寓言性质，并不真正反映惠施的思想。

（2）魏王贻我大瓠之种：魏王送我大葫芦种子。魏王，即梁惠王，姓魏名罃（yīng），因都迁大梁，所以又称梁惠王。贻（yí），赠送。瓠（hù），葫芦。

（3）而实五石：实，指结的葫芦。石（dàn），容量单位，十斗为一石。

（4）瓠落无所容：指瓢太大无所容。瓠落，又写作"廓落"，很大很大的样子。

（5）呺（xiāo）然：庞大而又中空的样子。

（6）吾为其无用而掊之：我因为它无用而砸烂了它。为，因为。掊（pǒu），砸破。

（7）龟（jūn）手：皲手。龟，通作"皲（jūn）"，气候寒冷，手皮冻裂如龟纹。

（8）洴澼絖：漂洗丝絮。洴（píng），浮。澼（pì），在水中漂洗。絖（kuàng），丝絮。

（9）方：药方。

（10）鬻（yù）：卖，出售。

（11）说（shuì）：劝说，游说。

（12）难：发难、乱事，指军事行动。

（13）何不虑以为大樽：怎么不考虑用它来制成腰舟。虑，考虑。樽，南方人所谓腰舟。

（14）有蓬之心：喻指见识浅薄不能通晓大道理。蓬，草名，其状弯曲不直。

（15）樗（chū）：一种高大的落叶乔木，但木质粗劣不可用。

（16）其大本拥肿而不中绳墨：它的树干却疙里疙瘩，而不符合绳墨取直的要求。大本，树干粗大。拥（擁）肿，今写作"臃肿"，这里形容树干弯曲、疙里疙瘩。中（zhòng），符合。绳墨，木工用以求直的墨线。

（17）塗：通作"途"，道路。

（18）狸狌：野猫和黄鼠狼。狸（lí），野猫。狌（shēng），黄鼠狼。

（19）以候敖者：等候那些出洞觅食或游乐的小动物。敖，漫游、闲游。

（20）跳梁：跳跳蹦蹦。

（21）不辟（bì）：不躲开。辟，古同"避"，躲、设法躲开。

（22）机辟（pì）：捕兽的机关陷阱。

（23）斄（lí）牛：牦牛。

（24）彷徨：表示徘徊、走来走去。

（25）逍遥：犹游自得。

（26）不夭斤斧：不会遭到刀斧砍伐。夭，夭折。斤，伐木之斧。

【今译】

惠子对庄子说："魏王送我大葫芦种子，我种植成长而结出的果实有五石之大。用它盛水，它的坚固程度却经不起自身所盛水的压力；把它剖开做瓢，则瓢大无处放。它中空庞大，我因为它无用而砸烂了它。"

庄子说："先生实在是不善于使用大东西啊！宋国有一善于调制不皲手药物的人家，世世代代以漂洗丝絮为职业。有个客人听说了这件事，愿意用百金的高价收买他的药方。全家人聚集在一起商量说：'我们世世代代在河水里漂洗丝絮，所得不过数金，如今一下子就可卖得百金，请把药方卖给他吧。'客人得到药方，来游说吴王。正巧越国发难，吴王派他统率部队，冬天跟越军在水上交战，大败越军，吴王划割土地封赏他。能使手不皲裂，药方是同样的，有的人用它来获得封赏，有的人却只能靠它在水中漂洗丝絮，这是使用的方法不同。如今你有五石容积的大葫芦，怎么不考虑用它来制成腰舟，而浮游于江湖之上，反而担忧葫芦太大无处可放？看来先生你还是心窍不通啊！"

惠子对庄子说："我有棵大树，人们都叫它'樗'。它的树干却疙里疙瘩，而不符合绳墨取直的要求，它的树枝弯弯扭扭，也不适应圆规和角尺取材的需要。生长在道路旁，木匠连看也不看。现今你的言谈，大而无用，大家都会鄙弃它。"

庄子说："先生你没看见过野猫和黄鼠狼吗？低着身子匍伏于地，等候那些出洞觅食或游乐的小动物。东西蹦蹦跳跳，高低上下窜越，不曾想到落入猎人设下的机关陷阱，死于猎网之中。再有那牦牛，庞大的身体就像天边的云，它的本事可大了，不过不能捕捉老鼠。如今你有这么大一棵树，却担忧它没有什么用处，怎么不把它栽种在什么也没有生长的地方，栽种在无边无际的旷野里。徘徊于'无为'树旁，'逍遥'于睡卧树下。大树不会遭到刀斧砍伐，也没有什么东西会去伤害它。没有什么用处，又会有什么祸害呢？"

【体悟】

"今子有大树，患其无用，何不树之于无何有之乡，广莫之野，彷徨乎无为其侧，逍遥乎寝卧其下。不夭斤斧，物无害者，无所可用，安所困苦哉"之义

这是本篇末尾的一段，表面在说"无用"与"有用"的辩证关系。"无用"放到"无何有之乡"就变成了"有用"。

"无何有之乡""彷徨""无为""逍遥"这些词，均与"修道"密切相关，"修道"者的心神若能"彷徨"于"无为"状态，就会入"无何有

之乡",进入"逍遥"之境,人生安有困苦呢!

《抱朴子·内篇·畅玄》中有:"夫玄道者,得之乎内,守之者外,用之者神,忘之者器,此思玄道之要言也。得之者贵,不待黄钺之威。体之者富,不须难得之货。高不可登,深不可测。乘流光,策飞景,凌六虚,贯涵溶。出乎无上,入乎无下。经乎汗漫之门,游乎窈眇之野。逍遥恍惚之中,倘佯彷彿之表。咽九华於云端,咀六气於丹霞。俳徊茫昧,翱翔希微,履略蜿虹,践跚旋玑,此得之者也。"这段话对理解本篇"逍遥"于"道"中,有重要启发作用。

本篇开头"逍遥",末尾"逍遥",首尾照应。

【本篇小结】

题目《逍遥游》的含义是什么?前人解译"逍遥"为:"逍遥是一种无拘无束的逍遥境界,既指身体的不受羁绊束缚,又指心灵的自由放逸,追求精神世界的绝对自由。

笔者认为:"逍遥游"的含义并不复杂。"逍遥"就是"优游自得"的意思;"游"就是"行"的意思。"逍遥游"就是行在优游自得的境界。《逍遥游》文有这段话:"彷徨乎无为其侧,逍遥乎寝卧其下。"这里的"无为",就是心神"无所作为"——什么也不去想。修行之人,心神"无为"了,就能行在优游自得的境界——常人所不能体会的境界。笔者认为,本篇"逍遥游"是指进入"道"的境界,是人们通过修行(修道、修真、练气功),进入"逍遥"的境界——一种特殊的境界,而不是指"社会层面"的生活境界!

全文可分为三个部分。第一部分描写"鲲鹏南徙""小大之辩"和"列子御风"等寓言,实则比喻人们开始"修道"进入"逍遥"的境界。第二部分,"尧禅让君位"的故事,"藐姑射之山神人"的故事,说明神人通达"万物为一类"。第三部分,借"无用"变"有用"的寓言,描述"修道"人进入"逍遥"——"道"的境界。

【本篇原文】

（第一部分）

北冥有鱼，其名曰鲲。鲲之大，不知其几千里也。化而为鸟，其名为鹏。鹏之背，不知其几千里也；怒而飞，其翼若垂天之云。是鸟也，海运则将徙于南冥。南冥者，天池也。

《齐谐》者，志怪者也。《谐》之言曰："鹏之徙于南冥也，水击三千里，抟扶摇而上者九万里，去以六月息者也。"野马也，尘埃也，生物之以息相吹也。天之苍苍，其正色邪？其远而无所至极邪？其视下也，亦若是则已矣。

且夫水之积也不厚，则其负大舟也无力。覆杯水於坳堂之上，则芥为之舟；置杯焉则胶，水浅而舟大也。风之积也不厚，则其负大翼也无力，故九万里则风斯在下矣。而后乃今培风，背负青天而莫之夭阏者，而后乃今将图南。

蜩与学鸠笑之曰："我决起而飞，抢榆枋，时则不至，而控于地而已矣，奚以之九万里而南为？"适莽苍者，三飡而反，腹犹果然；适百里者，宿舂粮；适千里者，三月聚粮。之二虫又何知？

小知不及大知，小年不及大年。奚以知其然也？朝菌不知晦朔，蟪蛄不知春秋，此小年也。楚之南有冥灵者，以五百岁为春，五百岁为秋；上古有大椿者，以八千岁为春，八千岁为秋，此大年也。而彭祖乃今以久特闻，众人匹之，不亦悲乎！

汤之问棘也是已："穷发之北有冥海者，天池也。有鱼焉，其广数千里，未有知其修者，其名为鲲。有鸟焉，其名为鹏，背若太山，翼若垂天之云；抟扶摇羊角而上者九万里，绝云气，负青天，然后图南，且适南冥也。斥鴳笑之曰：'彼且奚适也？我腾跃而上，不过数仞而下，翱翔蓬蒿之间，此亦飞之至也。而彼且奚适也？'"此小大之辩也。

故夫知效一官，行比一乡，德合一君而徵一国者，其自视也亦若此矣。而宋荣子犹然笑之，且举世而誉之而不加劝，举世而非之而不加沮，定乎内外之分，辩乎荣辱之境，斯已矣。彼其于世未数数然也。虽然，犹有未树也。

夫列子御风而行，泠然善也，旬有五日而后反。彼于致福者，未数数然也。此虽免乎行，犹有所待者也。若夫乘天地之正，而御六气之辩，以游无穷者，彼且恶乎待哉？故曰：至人无己，神人无功，圣人无名。

（第二部分）

尧让天下于许由，曰："日月出矣，而爝火不息；其于光也，不亦难乎！时雨降矣，而犹浸灌，其于泽也，不亦劳乎！夫子立而天下治，而我犹尸之，吾自视缺然。请致天下。"

许由曰："子治天下，天下既已治也。而我犹代子，吾将为名乎？名者，实之宾也，吾将为宾乎？鹪鹩巢于深林，不过一枝；偃鼠饮河，不过满腹。归休乎君，予无所用天下为！庖人虽不治庖，尸祝不越樽俎而代之矣。"

肩吾问于连叔曰："吾闻言于接舆，大而无当，往而不返。吾惊怖其言，犹河汉而无极也；大有迳庭，不近人情焉。"连叔曰："其言谓何哉？""曰：'藐姑射之山，有神人居焉。肌肤若冰雪，淖约若处子；不食五谷，吸风饮露；乘云气，御飞龙，而游乎四海之外。其神凝，使物不疵疠而年谷熟。'吾以是狂而不信也。"

连叔曰："然！瞽者无以与乎文章之观，聋者无以与乎钟鼓之声。岂唯形骸有聋盲哉？夫知亦有之！是其言也，犹时女也。之人也，之德也，将旁礴万物以为一，世蕲乎乱，孰弊弊焉以天下为事！之人也，物莫之伤，大浸稽天而不溺，大旱金石流，土山焦而不热。是其尘垢秕糠，将犹陶铸尧舜者也，孰肯以物为事。"

宋人资章甫而适诸越，越人断发文身，无所用之。尧治天下之民，平海内之政，往见四子藐姑射之山，汾水之阳，窅然丧其天下焉。

（第三部分）

惠子谓庄子曰："魏王贻我大瓠之种，我树之成而实五石。以盛水

浆，其坚不能自举也；剖之以为瓢，则瓠落无所容。非不呺然大也，吾为其无用而掊之。"

庄子曰："夫子固拙于用大矣。宋人有善为不龟手之药者，世世以洴澼绊为事。客闻之，请买其方以百金。聚族而谋曰：'我世世为洴澼绊，不过数金；今一朝而鬻技百金，请与之。'客得之，以说吴王。越有难，吴王使之将，冬与越人水战，大败越人，裂地而封之。能不龟手一也，或以封，或不免于洴澼绊，则所用之异也。今子有五石之瓠，何不虑以为大樽而浮于江湖，而忧其瓠落无所容？则夫子犹有蓬之心也夫！"

惠子谓庄子曰："吾有大树，人谓之樗。其大本拥肿而不中绳墨，其小枝卷曲而不中规矩，立之塗，匠人不顾。今子之言，大而无用，众所同去也。"

庄子曰："子独不见狸狌乎？卑身而伏，以候敖者；东西跳梁，不辟高下；中于机辟，死于罔罟。今夫斄牛，其大若垂天之云。此能为大矣，而不能执鼠。今子有大树，患其无用，何不树之于无何有之乡，广莫之野，彷徨乎无为其侧，逍遥乎寝卧其下。不夭斤斧，物无害者，无所可用，安所困苦哉！"

齐物论

【原文】

南郭子綦隐机而坐⁽¹⁾，仰天而嘘⁽²⁾，荅焉似丧其耦⁽³⁾。颜成子游立侍乎前⁽⁴⁾，曰："何居⁽⁵⁾乎？形固可使如槁木⁽⁶⁾，而⁽⁷⁾心固可使如死灰乎？今之隐机者，非昔之隐机者也。"

子綦曰："偃，不亦善乎？而问之也！今者吾丧我⁽⁸⁾，汝知之乎？汝闻人籁⁽⁹⁾而未闻地籁；汝闻地籁而未闻天籁夫！"

子游曰："敢问其方⁽¹⁰⁾。"

子綦曰："夫大块噫气⁽¹¹⁾，其名为风。是唯无作，作则万窍怒呺⁽¹²⁾。而独不闻之翏翏乎⁽¹³⁾？山陵之畏佳⁽¹⁴⁾，大木百围之窍穴，似鼻，似口，似耳，似枅⁽¹⁵⁾，似圈⁽¹⁶⁾，似臼⁽¹⁷⁾，似洼⁽¹⁸⁾者，似污⁽¹⁹⁾者；激者，謞者，叱者，吸者，叫者，譹者，宎者，咬者⁽²⁰⁾。前者唱于而随者唱喁⁽²¹⁾。泠风则小和⁽²²⁾，飘风⁽²³⁾则大和，厉风济则众窍为虚⁽²⁴⁾。而独不见之调调之刁刁⁽²⁵⁾乎？"

子游曰："地籁则众窍是已，人籁则比竹是已，敢问天籁。"

子綦曰："夫天籁者，吹万不同⁽²⁶⁾，而使其自己也，咸其自取⁽²⁷⁾，怒者其谁邪⁽²⁸⁾！"

【注释】

（1）南郭子綦隐机而坐：南郭，住在城南端。子綦（qí），人名。疑为庄子中寓托的高士，而非历史人物。隐机而坐，凭倚案几而坐。隐（yǐn），倚、靠。机，亦作几，案几。

（2）嘘：吐气。

（3）苔焉似丧其耦：进入了超越对待体系的忘我境界。苔（dá）焉，亦作相忘貌。丧其耦，表示心理活动不被形体所牵制达到忘我无物的境界。耦作偶，即匹对，通常解释为精神与肉体。

（4）颜成子游立侍乎前：颜成子游侍立在跟前。颜成子游，子綦的学生，姓颜成名偃（yǎn）字子游。

（5）何居：何故。

（6）形固可使如槁木：形体安定可以使它像干枯的树木。固，诚然。槁，干枯。

（7）而：同"尔"，汝。

（8）吾丧我：我忘我。即进入练功态的"忘我"境界。

（9）人籁：出自人为的声响。籁（lài），古代的一种管状乐器，这里泛指从孔穴里发出的声响。

（10）敢问其方：冒昧地请问它们的真正含义。敢，表示谦敬的副词，含有"冒昧地""斗胆地"的意思。方，道术，指所言"地籁""天籁"的究竟、真正含义。

（11）夫大块噫气：大块，大地。噫（yī）气，本义出气、吐气。

（12）喁（háo）：同"号"，风声。

（13）翏翏（liáo）：通"僚"，长风声。

（14）山林之畏佳：形容山势的高下盘回。畏佳（cuī），引作"崔崔"，高峻。

（15）枅（jī）：柱上的横木。

（16）圈：杯圈、圈窍。

（17）臼（jiù）：春米的器具。

（18）洼（wā）：深池，指"深窍"。

（19）污：小池，指"浅窍"。

（20）"激者，謞者，叱者，吸者，叫者，譹者，宎者，咬者"：此指各种声音。激，水流湍急的声音。謞（xiào），形容箭头飞去的声响。譹（háo），嚎哭声。宎（yǎo），像风吹到深谷的声音。咬（jiāo），哀切声。

（21）前者唱于而随者唱喁：前面的风声呜呜地唱着，后面的窍孔呼呼地和着。

（22）泠风则小和：小风则想和的声音小。泠（líng）风，小风、清风。和，指声音相应和、和谐地跟着唱或伴奏。

（23）飘风：大风。

（24）厉风济则众窍为虚：迅猛的暴风停歇，则所有的窍穴也就空虚无声了。厉风，迅猛的暴风。济，止。

（25）调调之刁刁：风吹草木晃动摇曳的样子。"刁刁"亦作"刀刀"。

（26）吹万不同：风吹万窍孔不同。此指"天籁"不同于"地籁"的"万窍怒呺"。

（27）咸其自取：全是孔穴自己去吸纳风而发出的声音。咸，全。

（28）怒者其谁邪：发动者还有谁呢？怒，发动的意思。

【今译】

南郭子綦靠着几案而坐，仰着头向天缓缓地呼吸，那样子真好像精神脱离了躯体，进入了忘我的境界。颜成子游站立侍候子綦跟前，说："怎么一回事呀？形体安定可以使它像干枯的树木，心灵安定可以使它像熄灭如死灰那样吗？你今天凭几而坐的神情跟以往凭几而坐的情景大不一样。"

子綦回答说："游，你问得正好！今天我进入忘掉了自己的状态，你知晓吗？你听说过'人籁'而没有听说过'地籁'，你听说过'地籁'而没有听说过'天籁'吧！"

子游问："冒昧地请问它们的真正含义。"

子綦说："大地吐出的气，叫做风。这风不发作则已，发作则万种不同的窍孔都怒号起来。你没有听过那长风呼啸的声音吗？山陵中高下盘回的地方，百围大树上的窍孔，有的像鼻子，有的像嘴巴，有的像耳朵，有的像圆柱上插入横木的方孔，有的像圈围的栅栏，有的像舂米的臼窝，有的像深池，有的像浅池。（这些窍穴中发出的声音）有的像湍急的流水声，有的像迅疾的箭镞声，有的像大声的呵叱声，有的像细细的呼吸声，有的像放声叫喊的声音，有的像号啕大哭的声音，有的像在山谷里发出的声音，有的像鸟哀切感动的声音。真好像前面的风声呜呜地唱着，后面窍孔呼呼和着。清风徐徐就有小小的和声，大风则相和的声音就大。迅猛的暴风停歇，则所有的窍穴也就空虚无声了。你没见过风吹过万物随风摇曳晃动的样子吗？"

子游说："地籁则是从众窍穴里发出的声音，人籁则是竹萧所吹出的声音。再冒昧地问天籁是什么？"

子綦说："天籁的声音与风吹万窍孔地籁不同，而是使其自身，全出于其自身，它发出的怒号声靠谁！"

【体悟】

"南郭子綦隐机而坐……汝闻地籁而未闻天籁夫！"之义

这段话描述的是：南郭子綦在"坐忘"（见"大宗师"篇），也就是在"修道"。子綦回答弟子的问题后转而反问："你听说过'人籁'而没有听说过'地籁'，你听说过'地籁'而没有听说过'天籁'啊！"

为什么子綦会"坐忘"后，突然问出这样的一个问题呢？原来子綦通过"坐忘"感受到"妙道"——自身的"道（真气）"在体内产生、运行，意识到这"妙道"是：而是使其自身，全出于其自身。所以，子綦对弟子颜成子游讲起"人籁、地籁、天籁"的寓言故事，来借以说明"道"的妙理。

【原文】

　　大知闲闲(1)，小知閒閒(2)；大言炎炎(3)，小言詹詹(4)。其寐也魂交，其觉也形开(5)，与接为构(6)，日以心斗(7)。缦(8)者，窖(9)者，密(10)者。小恐惴惴(11)，大恐缦缦(12)。其发若机栝(13)，其司是非之谓(14)也；其留如诅盟(15)，其守胜之谓也；其杀(16)若秋冬，以言其日消也；其溺(17)之所为之，不可使复之也；其厌也如缄(18)，以言其老洫(19)也；近死之心，莫使复阳(20)也。喜怒哀乐，虑叹变热(21)，姚佚启态(22)；乐出虚(23)，蒸成菌(24)。日夜相代(25)乎前，而莫知其所萌。已乎，已乎！旦暮得此，其所由以生乎！

【注释】

（1）闲闲：广博之貌。

（2）閒閒（jiàn）：閒閒即"间间"，精细的样子。"閒"是"间"的古体，今简作"间"。

（3）炎炎：猛烈。这里借猛火炎燎之势，比喻说话时气焰盛人。

（4）詹詹（zhān）：言语琐细，说个没完。

（5）其寐也魂交，其觉也形开：睡觉的时候精神交错，醒来的时候形体不宁。寐，睡梦、睡着。觉，睡醒。魂交，精神交错。

（6）与接为构：跟外界接触纠缠不清。接，接触，这里指与外界环境接触。构，"构"字的异体。

（7）日以心斗：整天勾心斗角。

（8）缦（màn）：通"慢"，疏怠迟缓的意思。

（9）窖（jiào）：指设下圈套。

（10）密：谨密。

（11）惴惴（zhuì）：恐惧不安的样子。

（12）缦缦：神情沮丧的样子。

（13）其发若机栝：他们说话好像利箭发自弩机快疾而又尖刻。机，弩机，弩上的发射部位。栝（guā），箭杆末端扣弦部位。

（14）司是非之谓：专心窥伺别人的是非来攻击。"司"通作"伺"，窥伺人之是非的意思。

（15）其留如诅盟：他们心藏主见不肯吐露就好像咒过誓一样。留，守住，指留存内心，与上句的"发"相对应。诅盟，誓约，结盟时的誓言。

（16）杀（shài）：衰败、凋萎。

（17）溺：沉湎。

（18）其厌也如缄：他们心灵闭塞如被绳索缚住。厌（yā）：通作"压"，闭塞的意思。缄，绳索，这里指用绳索加以束缚的意思。

（19）洫（xù）：败坏。

（20）复阳：复生，恢复生机。

（21）虑叹变慹：忧思、叹惋、反复、恐惧。虑，忧虑。叹，感叹。变，反复。慹（zhé），通作"慑"，恐惧的意思。形容辩者们的情绪反复。

（22）姚佚启态：浮躁、放纵、张狂、造姿作态。姚，轻浮躁动。佚（yì），奢华放纵。启，这里指放纵情欲而不知收敛。态，这里是故作姿态的意思。形容辩者们的行为样态。

（23）乐出虚：好像乐声从中空的乐管中发出。乐，乐声。虚，中空的情态，用管状乐器中空的特点代指乐器本身。

（24）蒸成菌：在暑热潮湿的条件下，蒸腾而生的各种菌类。

（25）相代：相互对应地更换与替代。

【今译】

　　大智者广博，小智者精细；大言者气焰盛人，小言者言语琐细。他们睡觉的时候精神交错，醒来的时候形体不宁。他们跟外界接触纠缠不清，整天勾心斗角。有的出语迟缓，有的发言设下圈套，有的用词谨慎。小的恐惧垂头丧气，大的恐惧离魂失魄。他们说话好像利箭发自弩机快疾而又尖刻，专心窥伺别人的是非来攻击；他们心藏主见不肯吐露就好像咒过誓一样，只是默默不语等待制胜的机会；他们衰败犹如秋冬景物凋零，这是说他们一天天地在消毁；他们沉溺于所作所为当中，无法使他们恢复生气；他们心灵闭塞如被绳索缚住，这是说愈老愈不可自拔；走向死亡道路的心理，再也没有办法使他们恢复活力的生气了。他们时而欣喜、时而愤怒、时而悲哀、时而欢乐、时而忧思、时而叹惋、时而反复、时而恐惧、时而浮躁、时而放纵、时而张狂、时而造姿作态；好像乐声从中空的乐管中发出，又像在暑热潮湿的条件下，蒸腾而生的各种菌类。这种种情态日夜在心中交侵不已，却不知晓是怎么萌生的。算了吧！算了吧！旦暮之间，岂能找出这些情态变化所产生的根源！

【体悟】

本段阐发了无论是大智者还是小智者，无论是"大言"者还是"小言"者，他们都是"俗人"。描述了他们跟外界接触纠缠不清，整天勾心斗角的人生态度，引出下面不同的人的人生态度。

【原文】

非彼无我⁽¹⁾，非我无所取⁽²⁾。是亦近⁽³⁾矣，而不知其所为使⁽⁴⁾，若有真宰⁽⁵⁾，而特不得其眹⁽⁶⁾；可行已信⁽⁷⁾；而不见其形。有情而无形⁽⁸⁾。

百骸⁽⁹⁾、九窍⁽¹⁰⁾、六藏⁽¹¹⁾，赅⁽¹²⁾而存焉，吾谁与⁽¹³⁾为亲？汝皆说⁽¹⁴⁾之乎？其有私⁽¹⁵⁾焉？如是皆有为臣妾乎？其臣妾不足以相治乎？其递相为君臣乎？其有真君⁽¹⁶⁾存焉？如求得其情与不得，无益损乎其真。

一受其成形⁽¹⁷⁾，不亡以待尽⁽¹⁸⁾。与物相刃相靡⁽¹⁹⁾，其行尽如驰⁽²⁰⁾，而莫之能止，不亦悲乎！终身役役⁽²¹⁾而不见其成功，苶然疲役⁽²²⁾而不知其所归，可不哀邪！人谓之不死，奚益！其形化，其心与之然，可不谓大哀乎？人之生也，固若是芒⁽²³⁾乎？其我独芒，而人亦有不芒者乎？

【注释】

（1）非彼无我：没有道就没有我。彼，此指"道"。

（2）非我无所取：没有我它（道）就不会集聚。取，通作"聚"。《左传·昭公二十年》："郑国多盗，取人于萑苻之泽。"

（3）近：亲近。

（4）所为使：为……所驱使。

（5）真宰：真气的主宰，也就"道"的主宰。

（6）而特不得其朕：然而又寻不着它的端倪。朕（zhèn），通"振"，端倪、征兆。

（7）可行已信：可通过实践来验证。

（8）有情而无形：它本是真实存在而不具形象的。情，外界事物所引起的喜、怒、爱、憎、哀、惧等心理状态，引申指"状况"，如实情、情形。

（9）百骸：各种骨骼或全身。骸（hái），骸骨。

（10）九窍：人体上九个可以向外张开的孔穴，指双眼、双耳、双鼻孔、口、生殖器、肛门。

（11）六藏：心肝脾肺肾，称五脏，肾有两脏，所以又合称六脏。藏，通"脏"。

（12）赅（gāi）：齐备。

（13）谁与：与谁。

（14）说（yuè）：同"悦"，喜悦。

（15）私：偏私、偏爱。

（16）真君：真气的君主。古人认为心是思维的器官，因此把思想、感情都说做"心"。心是人身的"宰""君"。

（17）一受其成形：一旦得到'道'的状态。一：一旦。受，得到。形，容、状态。《庄子·外篇·田子方》："万物亦然，有待也而死，有待也而生。吾一受其成形，而不化以待尽。"所以，"一受其成形"

中的"其"指"道",而非指"人体"。

（18）不亡以待尽：不断化育、以尽天年。《田子方》篇为："而不化以待尽"，"亡"即"化"之讹。

（19）与物相刃相靡：与道相违逆就会相继消散。物，此指"道"。相刃，相违逆、相抵触。刃，刀、剑等锋利的部分、刀口。相靡，相继分散、递相消失。靡，倒下、没有。

（20）其行尽如驰：人修炼心神向往，即精神不内守。尽，进。古书"尽"、"进"通用。驰，向往。《楚辞·离骚》："抑志而弥节兮，神高驰之邈邈。"

（21）役役：劳劳碌碌。

（22）苶然疲役：困顿疲劳。苶（nié）然，疲倦困顿的样子。

（23）芒：迷昧无知。

【今译】

没有它（道）就没有我，没有我它就不会集聚。道与我好像非常亲近，然而却不知晓"道"受什么所驱使，好像有"真宰"，却又寻不到它的端倪。道可以去实践并得到验证，虽然看不见它的形体，它本是真实存在而不具形态的。

百骸、九窍、六脏，都很完备地存在我的身上，我跟它们哪一部分最为亲近呢？你都一样地喜欢它们吗？还是有所偏爱？如果同等看待，那么，都把它们当成臣妾吗？难道仆从就谁也不能支配谁吗？难道他们是轮流做主仆吗？还是有"真君"存在其间呢？如求得其本质与不得，并不会增益或损减其真实。

一旦得到道的状态，就会不断化育、以尽天年。与道的规律相违逆道就会相继消散，人修炼时心神外驰，而不能停止，不是很可悲吗！终身想得道看不到自己的成功，一辈子困顿疲劳却不知晓自己的归宿，可不悲哀吗！人称谓之没死，有何益处！人的形骸逐渐衰竭，人的精神也跟着一块儿衰竭，可不称谓最大的悲哀吗？人生啊，就这样茫茫然吗？

谁找到了自我的真谛了呢？而世人有不茫茫然的吗？

【体悟】

"非彼无我，非我无所取。是亦近矣，而不知其所为使。若有真宰，而特不得其眹，可行已信，而不见其形，有情而无形"之义

"非彼无我，非我无所取"是说"道"与"我"的关系。没有道就没有我，是说"道"包括我；没有我道就无从展现——通过自我入静"道"才能展现出来。

【原文】

夫随其成心而师之⁽¹⁾，谁独且无师乎？奚必知代而心自取者有之⁽²⁾？愚者与有焉。未成乎心而有是非⁽³⁾，是今日适越而昔至也。是以无有为有。无有为有，虽有神禹⁽⁴⁾，且不能知，吾独且奈何哉！

夫言非吹⁽⁵⁾也，言者有言，其所言者特未定也。果有言邪？其未尝有言邪？其以为异于鷇音⁽⁶⁾，亦有辩⁽⁷⁾乎，其无辩乎？

道恶乎隐而有真伪⁽⁸⁾？言恶乎隐而有是非？道恶乎往而不存？言恶乎存而不可？道隐于小成⁽⁹⁾，言隐于荣华⁽¹⁰⁾。故有儒墨⁽¹¹⁾之是非，以是其所非而非其所是。欲是其所非而非其所是，则莫若以明⁽¹²⁾。

物无非彼，物无非是。自彼则不见，自是则知⁽¹³⁾之。故曰彼出于是，是亦因彼。彼是方生之说⁽¹⁴⁾也，虽然，方生方死，方死方生⁽¹⁵⁾；方可方不可，方不可方可⁽¹⁶⁾。因是因非，因非因是⁽¹⁷⁾。是以圣人不由⁽¹⁸⁾，而照之于天⁽¹⁹⁾，亦因是也。

是亦彼也，彼亦是也。彼亦一是非，此亦一是非。果且有彼是乎哉？果且无彼是乎哉？彼是莫得其偶⁽²⁰⁾，谓之道枢⁽²¹⁾。枢始得其环中⁽²²⁾，以应无穷。是亦一无穷，非亦一无穷也。故曰莫若以明。

【注释】

（1）夫随其成心而师之：如果依照自己的成见作为判断的标准。成心，成见之心。师，取法。

（2）奚必知代而心自取者有之：何必一定要了解自然变化之理而心有见地的人？

（3）未成乎心而有是非：如果说没有成见就已经是存有是非的。

（4）神禹：神明的大禹。

（5）言非吹：言论和风吹不同。意指言论出于成见，风吹乃发于自然。

（6）鷇音：雏鸟孵出时的叫声，比喻议论纷纭，是非难定。

（7）辩：通"辨"，分辨、区别。

（8）道恶乎隐而有真伪：道是怎样被隐蔽而有真伪的分别？道，元气、混元一气，在人身上称为"真气"。恶（wū），怎样。隐，隐蔽、隐藏。

（9）道隐于小成：道是被小的成就隐蔽了。小成，片面的成就。成，成就。

（10）荣华：木草之花，这里喻指华丽的词藻。

（11）儒墨：儒家和墨家，战国时期两个政治和哲学流派。

（12）莫若以明：不如以空明的心境去观察事物本然的情形。

（13）自是：自是与上句"自彼"互文。

（14）彼是方生之说：彼此为惠施的"方生之说"。

（15）方生方死，方死方生：物随起就随灭，随灭就随起。

（16）方可方不可，方不可方可：刚说可就转向不可，刚说不可就转向可了。

（17）因是因非，因非因是：有因而认为是的就有因而认为非的，有因而认为非的就有因而认为是的。

（18）是以圣人不由：所以圣人不走是非对立的路子。不由，不走是非对立的路子。

（19）照之于天：观照于事物的本然。照，观照。天，本然。"观照"，是华夏民族静坐修炼出来反映外在环境变化的物质现象，它是中华传统文明的精髓。

（20）彼是莫得其偶：彼此不互相对立。偶，对、对立面。

（21）道枢：道的关键之处。枢，枢要。

（22）环中：环的中心，道的中心。

【今译】

如果依照自己的成见作为判断的标准，那么谁没有一个固定标准呢？何必一定要了解自然变化之理而心有见地的人？就是愚昧的人也是同样有的。如果说没有成见就已经是存有是非，这就好比今天到越国去而昨天就已经到达了。这就是把没有当作有。把没有当作有，即使圣明的大禹尚且不能通晓其中的奥妙，我又有什么办法呢！

言论和风吹不同，发言的人议论纷纭，只不过他们说的得不出个定准。人们果真是发言了呢，还是不曾发言呢？他们认为自己的言谈不同于雏鸟的鸣叫，到底是有分别呢，还是没有什么分别呢？

道是怎样被隐蔽而有真伪的分别？言论是怎样被隐蔽而有是非的争辩？道是如何出现而又不复存在呢？言论如何存在而不被认可？道是被小的成就隐蔽了，言论是被华丽的词藻隐蔽了。所以就有了儒家和墨家的是非争辩，他们各自肯定对方所否定的东西，否定对方所肯定的东西；想要肯定对方所否定的东西，而否定对方所肯定的东西；则不如以空明的心境去观察事物本然的情形。

物没有不是"彼"的，也没有不是"此"的。从他物那方就看不见这方面，从自己这方面来了解就知道了。所以说彼出于此，此也顺应彼。彼和此是相对而生得，虽然这样，但是任何事物随起就随灭，随灭就随起；刚说可就转向不可，刚说不可就转向可了。有因而认为是的就有因而认为非的，有因而认为非的就有因而认为是的。所以圣人不走是非对立的这条路，而是观照于事物的本然，也是因任自然的道理。

此也是彼，彼也是此。彼有它的是非，此也有它的是非。果真有彼此的分别吗？果真没有彼此的分别吗？彼此不互相对立，称谓道的根本。抓住根本从开始得其中心，以应无穷无尽的变化。"是"的变化是没有穷尽的，"非"的变化也是没有穷尽的。所以说不如以空明的心境去观察事物本然的情形。

【体悟】

"彼是方生之说也"之义

《庄子·杂篇·天下》："惠施多方，其书五车，其道舛驳，其言也不中。历物之意，曰："至大无外，谓之大一；至小无内，谓之小一。无厚，不可积也，其大千里。天与地卑，山与泽平。日方中方睨，物方生方死。""

这段话解译为：惠施懂多种学问，他的著作能装五车，他讲的道理错综驳杂，他的言辞也不当。他观察分析事理，说："达到没有外部的无限大，叫做大一，达到没有内部的无限小，叫做小一。没有厚度，不能积累，却可以大到千里。天和地一样低，山和泽一样平。太阳刚正中就偏斜，万物刚出生就死亡。

"太阳刚正中就偏斜，万物刚出生就死亡"是"方生之说"的核心之义。

【原文】

以指喻指之非指[1]，不若以非指喻指之非指也；以马喻马之非马[2]，不若以非马喻马之非马也。

天地一指[3]也，万物一马[4]也。

道行之而成，物谓之而然。有自也而可，有自也而不可。有自也而然，有自也而不然。恶乎然？然于然。恶乎不然？不然于不然。恶乎可？可于可。恶乎不可？不可于不可。物固有所然，物固有所可。无物不然，无物不可。故为是举莛与楹⁽⁵⁾，厉与西施⁽⁶⁾，恢恑憰怪⁽⁷⁾，道通为一⁽⁸⁾。其分也，成也；其成也，毁也⁽⁹⁾。凡物无成与毁，复通为一。

唯达者知通为一⁽¹⁰⁾，为是不用而寓诸庸⁽¹¹⁾；因是已⁽¹²⁾。已而不知其然⁽¹³⁾，谓之道。

劳神明为一⁽¹⁴⁾，而不知其同也，谓之朝三⁽¹⁵⁾。何谓朝三？狙公赋芧⁽¹⁶⁾曰："朝三而暮四。"众狙皆怒。曰："然则朝四而暮三"。众狙皆悦。名实未亏而喜怒为用⁽¹⁷⁾，亦因是也。是以圣人和之以是非而休乎天钧⁽¹⁸⁾，是之谓两行⁽¹⁹⁾。

古之人，其知有所至⁽²⁰⁾矣。恶乎至？有以为未始有物者，至矣，尽矣，不可以加矣。其次，以为有物矣，而未始有封⁽²¹⁾也。其次，以为有封焉，而未始有是非也。是非之彰也，道之所以亏也。道之所以亏，爱之所以成。果且有成与亏乎哉？果且无成与亏乎哉？有成与亏，故昭氏⁽²²⁾之鼓琴也；无成与亏，故昭氏之不鼓琴也。昭文之鼓琴也，师旷之枝策⁽²³⁾也，惠子之据梧⁽²⁴⁾也，三子之知，几乎皆其盛⁽²⁵⁾者也，故载之末年⁽²⁶⁾。唯其好之也，以异于彼⁽²⁷⁾；其好之也，欲以明⁽²⁸⁾之。彼非所明而明之，故以坚白之昧终⁽²⁹⁾。而其子又以文之纶终⁽³⁰⁾，终身无成。若是而可谓成乎？虽我无成，亦可谓成矣。若是而不可谓成乎？物与我无成也。是故滑疑⁽³¹⁾之耀，圣人之所图⁽³²⁾也。为是不用而寓诸庸，此之谓以明。

【注释】

（1）以指喻指之非指：以美来说明美其非美。指，古同"旨"，本义是味道甘美。《诗·小雅·鱼丽》："君子有酒，旨且多。"引申泛指美好。喻，说明、告知、解说。

（2）以马喻马之非马：以一类物来说明一类物其非一类物。马，〈文言〉筹码，后作"码"。"码"的意思，在这里指"一类的事。"《礼记·投壶》："……请为胜者立马，一马从二马，三马既立，请庆多马。"这里的"马"就是"码"的简写。

（3）天地一指：天地大美。指，古同"旨"。

（4）万物一马：万物一类。马，古同"码"。

（5）举莛与楹：列举小草的茎和高大的庭柱。莛（tíng），草茎。楹（yíng），厅堂前的木柱。"莛""楹"对文，代指物之细小者和巨大者。

（6）厉与西施：丑陋的癞头和美丽的西施。厉，通作"疠"，指皮肤溃烂，这里用表丑陋的人。西施，吴王的美姬，古代著名的美人。

（7）恢恑憰怪：指千奇百怪的各种事态。恢，宽大。恑（guǐ），奇变。憰（jué），诡诈。怪，怪异。

（8）道通为一：从道的角度来看都可通而为一。

（9）其分也，成也；其成也，毁也：任何事物的分散，必定有所生成（新的事物）；任何事物的生成，必定有所毁灭（原有的状态）。分，分散、分解。成，生成、形成。毁，毁灭。

（10）唯达者知通为一：只有通达的人才能知晓物的相通而为一类的道理。达者，通晓事理的人。达，通达。为一，为一类。

（11）不用而寓诸庸：不用固执自己的成见而寄托在各物的功用上。寓，寄托。庸，用。

（12）因是已：因任自然的道理。因，顺应。是，此。这里指上述"为一"的观点，即物之本然而不要去加以分别的观点。已，语末助词。

（13）已而不知其然："已"字承上文而言，言"此而不知其然"。

（14）劳神明为一：竭尽才智而求一致。神明，心思、才智。

（15）朝三："朝三暮四"的故事在《列子·黄帝篇》亦有记载。朝是早晨，暮是夜晚，三和四表示数量，即三升、四升。"朝三""暮四"或者"朝四""暮三"，其总和皆为"七"，这里借此譬喻名虽不一，实却无损，总都归结为"一"。

（16）狙公赋芧：养猴子的人给猴子吃橡子。狙公，养猴子的人。狙（jū），猴子。赋，给予。芧（xù），小栗，也可称为橡。

（17）名实未亏而喜怒为用：名和实都没有改变，而猴子的喜怒却因而不同。亏，亏损。为用，为之所用，意思是喜怒因此而有所变化。

（18）天钧：天钧，自然均衡的道理。钧，通"均"。

（19）两行：两端都可以，即两端都可以关照到。

（20）至：造极，最高的境界。

（21）封：疆界、界线。

（22）昭氏：即昭文，以善于弹琴著称。

（23）师旷之枝策：师旷持杖击节。师旷，晋平公的乐师。枝策，举杖击节。

（24）惠子之据梧：惠施倚在梧桐树下高谈阔论。惠子，惠施，古代名家学派的著名人物，惠施善辩。据梧，靠着桐树高谈阔论。据，依。梧，树名。

（25）几乎皆其盛：几乎都可说是登峰造极的了。几，几乎、接近。

（26）载之末年：终身从事此业。

（27）异于彼：炫异于他人。彼，他人。

（28）明：明白、表露。

（29）以坚白之昧终：谓惠子终身迷于坚白之说。"坚白"之说；来自于战国庄子同一时期的惠施。"坚白"，指石的颜色白而质地坚，但"白"和"坚"都独立于"石"之外。昧，迷昧。

（30）其子又以文之纶终：昭文的儿子又终身从事于父亲的事业。其子，指昭文之子。纶，绪，这里指继承昭文的事业。

038

（31）滑（gǔ）疑：纷乱的样子，这里指各种迷乱人心的辩说。

（32）图：摒弃。

【今译】

　　以美来说明美其非美，不如以非美来说明美其非美；以一类物来说明一类物其非一类物，不如以非一类物来说明一类物其非一类物。

　　天地大美，万物一类。

　　道路是人走出来的，事物的名称是人叫出来的。可有它可的原因，不可有它不可的原因；是有它是的原因，不是有它不是的原因；为什么是？自有它是的道理。为什么不是？自有它不是的道理。为什么可？自有它可的道理。为什么不可，自有它不可的道理。一切事物本来都有它是的地方，一切事物本来都有它可的地方。没有什么东西不是，没有什么东西不可。（注：本段落原文历来认为有错简或脱落现象，因其内容与上下文不符）

所以小草的茎和高大的庭柱，丑陋的癞头和美丽的西施，以及一切稀奇古怪的事物，从道的角度来看都可以通而为一。万物有所分散，必有所生成；有所生成必有所毁。所以一切事物无论生成和毁灭，都是复归一类物。

只有通达的人才能知晓通而为一的道理，因此他不用固执自己的成见而寄托在物的功用上；这就是因任自然的道理。顺着自然的路径行走而不知晓它的所以然，这就叫做"道"。

辩论者们竭尽心智去求一致，而不知晓它本来就是相同的，这就是称谓的"朝三"。什么叫"朝三"？有一个养猴子的人，喂猴子吃栗子，对这群猴子说："早上分给你们三升，晚上分给你们四升。"这群猴子听了都很生气。养猴子的人便改口说："那么早上给你们四升，晚上给你们三升。"这群猴子听了都高兴起来。名和实都没有改变，而猴子的喜怒却因而不同，这也是顺应猴子主观的心里作用罢了。所以圣人不执着于是非的争辩而依据自然均衡之理，这就叫做两行。

古时候的人，他们的认知达到了最高的境界。最高的境界在哪里呢？认为宇宙初始并不存在万物，这是认知最高，到达尽头，不可以增加了。其一等的人，认为宇宙初始存在万物，只是开始没有界线。再次一等的人认为，宇宙初始不但存在万物，并且事物之间有分界。只是不计较是非。是非的彰显，道就有了亏损。道之所以有亏损，是由其偏爱形成的。果真有形成与亏损吗？果真无形成与亏损吗？有形成与亏缺，好比昭文弹琴；没有形成与亏缺，好比昭文不弹琴。昭文弹琴，师旷持杖击节，惠施倚在梧桐树下高谈阔论，他们三个人的技艺，几乎都可说是登峰造极了！他们享有盛誉，所以他们终身从事此业。正因为他们各有所好，以炫异于别人；他们各以所好，而想彰显于他人。不是别人所非要了解不可的而勉强要人了解，因此终身迷于"坚白"之说的偏蔽。

昭文的儿子又终身从事于父亲的事业，以至终生没有什么成就。像这样可称谓成就吗？那么虽然我们没有成就，也可称谓有成就了。如果这样不能算有成就，那么人与我都谈不上有什么成就。所以迷乱世人的炫耀，乃是圣人所要摒弃的。所以圣人不用夸示于人而寄寓在各物自身的功分上，这就叫做"以明"（已经明白）。

【体悟】

（1）"以指喻指之非指，不若以非指喻指之非指也；以马喻马之非马，不若以非马喻马之非马也。天地一指也，万物一马也"之义

这段话非常重要！可惜历代注疏家，都将"指"解释为"手指"，都将"马"解释为动物"马"，这真是莫大的错误！"天地"怎么与"一指"联系？"万物"怎么与"一马"挂钩？误读了庄子的伟大思想啊！其实这段话的意思为：以美来说明美其非美，不如以非美来说明美其非美；以一类物来说明一类物非一类物，不如以非一类物来说明一类物非一类物。天地大美，万物一类。

这里面关键是理解两个词"指"与"马"的真正含义。"指"古同"旨"。旨"本义是味道甘美，引申泛指美好。"马"在〈文言〉中作筹码，后作"码"。如《礼记·投壶》："……请为胜者立马，一马从二马，三马既立，请庆多马。""码"的意思有：计算数量的用具、代表数目的符号、指一件事或一类的事等。此取"一类的事"。

《道德经》第六十七章：天下皆谓我道大，似不肖。夫唯大，故似不肖。若肖，久矣其细也夫。这里的"天地一指"中的"一"也可以理解为"道"，"道"可理解为"大"。《道德经》第二十五章："吾不知其名，强字之曰道，强为之名曰大。大曰逝，逝曰远，远曰反。故道大、天大、地大、人亦大。"《庄子·外篇·知北游》："天地有大美而不言，四时有明法而不议，万物有成理而不说。圣人者，原天地之美而达万物之理。"《庄子·杂篇·天下》："至大无外，谓之大一。"所以，"天地一指也"，则解释为：天地大美。接着的下文，正是呼应：天地大美，万物一类。

那么，为什么说"万物一类"呢?《道德经》第四十二章:"道生一,一生二,二生三,三生万物。"这段话说明"万物"都来源于"道"。所以,从源头来说,万物都属于"一类"。

（2）"是非之彰也,道之所以亏也。道之所以亏,爱之所以成"之义

《道德经》第四十四章:"名与身孰亲? 身与货孰多? 得与亡孰病? 是故甚爱必大费,多藏必厚亡。知足不辱,知止不殆,可以长久。"这段话的意思是:名声和生命相比哪一样更为亲切? 生命和货利比起来哪一样更为贵重? 获取和丢失相比,哪一个更有害? 过分的爱名利就必定要付出更多的代价;过于积敛财富,必定会遭致更为惨重的损失。所以说,懂得满足,就不会受到屈辱;懂得适可而止,就不会遇见危险;这样才可以保持住长久的平安。"是非之彰也,道之所以亏也。道之所以亏,爱之所以成。"与此道理相同,译为是非的造作,道就有了亏损。道的亏损是由于偏爱所形成。

这说明"道之所以亏",是由于对道的"喜爱"或"偏爱"的原因。

【原文】

今且有言于此,不知其与是类乎? 其与是不类乎? 类与不类,相与为类,则与彼无以异矣。

虽然,请尝言之。有始[1]也者,有未始有始也者,有未始有夫未始有始也者。有有也者,有无也者[2],有未始有无也者,有未始有夫未始有无也者。俄而有无矣,而未知有无之果孰有孰无也。今我则已有谓[3]矣,而未知吾所谓之其果有谓乎,其果无谓乎?

天下莫大于秋豪之末[4],而大山为小;莫寿于殇子[5],而彭祖为夭[6]。天地与我并生,而万物与我为一。既已为一矣,且得有言乎? 既已谓之一矣,且得无言乎? 一与言为二,二与一为三。自此以往,巧历[7]不能得,而况其凡[8]乎! 故自无适有[9]以至于三,而况自有适有乎! 无适焉,因是已。

夫道未始有封[10],言未始有常[11],为是而有畛[12]也,请言其畛:有

左，有右，有伦，有义，有分，有辩，有竞，有争，此之谓八德⁽¹³⁾。六合⁽¹⁴⁾之外，圣人存而不论；六合之内，圣人论而不议。春秋经世先王之志⁽¹⁵⁾，圣人议而不辩。故分也者，有不分也；辩也者，有不辩也。曰：何也？圣人怀⁽¹⁶⁾之，众人辩之以相示也。故曰辩也者，有不见也。

夫大道不称，大辩不言，大仁不仁，大廉不嗛⁽¹⁷⁾，大勇不忮⁽¹⁸⁾。道昭⁽¹⁹⁾而不道，言辩而不及，仁常而不周⁽²⁰⁾，廉清而不信，勇忮而不成。五者无弃而几向方⁽²¹⁾矣。

故知止其所不知，至矣。孰知不言之辩，不道之道？若有能知，此之谓天府⁽²²⁾。注焉而不满⁽²³⁾，酌焉而不竭⁽²⁴⁾，而不知其所由来，此之谓葆光⁽²⁵⁾。

【注释】

（1）有始：道有个开始。

（2）有有也者，有无也者：道最初有它的"有"，有它的"无"。"有"、"无"这种观念来自老子。

（3）谓：评说、议论。

（4）天下莫大于秋豪之末：天下没有比秋天毫毛的末端更大的东西。秋毫之末比喻事物的细小。于，比。豪，通作"毫"，细毛。末，末稍。

（5）殇子：未成年而死的人。

（6）夭：夭折，短命。

（7）巧历：善于计算的人。

（8）凡：凡夫，普通人。

（9）自无适有：从"无"到"有"。自，从。适，往，到。

（10）封：界线。

（11）常：定见、定论。

（12）为是而有畛：为了争执一个是字而划分出界限。畛（zhěn），田地里的界路，这里泛指事物、事理间的界线和区分。

（13）有左，有右，有伦，有义，有分，有辩，有竞，有争，此之谓八德：这是指儒墨等派所执持争论的八种。左右，指吉凶祸、贵贱、上下等；伦，伦常。义，法度。分，分别。辩，辩论。竞，竞言。争，争持。八德，八类、八种。

（14）六合：天、地和东、西、南、北四方。

（15）春秋经世先王之志：春秋，这里泛指古代历史，并非指战国以前的那一段历史年代。经世，经纶世事，这是用调理织物来喻指治理社会。志，记载；这个意义后代写作"誌"。

（16）怀：藏。

（17）大廉不嗛：大廉是不逊让的。原句应作大廉不廉与上句"大仁不仁"句法同。第二个"廉"字是动词，谓大廉者不自言其廉也。魏晋注者加口旁作嗛，又误作嗛。

（18）忮（zhì）：伤害。

（19）昭：明。

（20）仁常而不周：原本为"仁常而不成"，江南古藏本为："仁常而不周"，以古藏本为准改之。这句话是说"仁"守滞一处便不能周遍。

（21）五者无弃而几向方矣：这五种状态不丢弃就接近朝向道了。原本为"五者圆而几向方"，根据《淮南子》改正。方，此指"道"。圆，这里作做圆、求圆解。几，近，近似。

（22）天府：天然之腑。府，古同"腑"，脏腑。

（23）注焉而不满：注入不会满盈。注焉：注入之。注，注入。焉，讲作"于之"。

（24）酌焉而不竭：取出不会枯竭。酌，舀取。竭，尽。

（25）葆光：潜隐状况而不露。葆（bǎo），藏，隐蔽。光，光景。即境况、状况、情景、光耀。

【译文】

　　现在在这里说一些话，不知晓其他人的言论与我这些话是同一类呢？还是不同一类？无论是同一类还是不同一类，发了言了都算是同一类了，那么和其他的论者便没有什么区别了。

既然如此，还是容我说说，道有一个"开始"，有一个未曾开始的"开始"，更有一个未曾开始那"未曾开始"的"开始"。道最初有它的"有"，有它的"无"，更有未曾有"无"的"无"，更有未曾有那"未曾有无"的"无"。突然间生出了"有"和"无"，然而却不知晓这个"有"与"无"，果真是"有"，果真是"无"。现在我已经说了这些话，但不知晓我果真说了呢？还是没有说？

天下没有比秋毫的末端更大的东西，而泰山却是最小的；没有比夭折的婴儿更长寿的，而彭祖却是短命的。天地与我并存，万物与我一类。既然为一类，还需要言说吗？既然已经称谓一类，还不需要言说吗？一类与我言说的成了"二"，"二"再加上一个"一"就成了"三"，这样继续往下算，就是最巧善的计算家也不可能得出最后的数目，何况普通人呢？从无到有已经生出三个名称了，何况从"有"到"有"呢！不必再往前计算了，因任自然就是了。

道原本是没有分界的，语言原本是没有定说的，为了说明这些而划分出界限。如有左，有右，有伦序，有等差，有分别，有辩论，有竞言，有争持，这是界限的八种表现。天地以外的事，圣人是置而不论的；天地以内的事，圣人只论说而不点评。春秋史实乃是先王治世的记载，圣人只点评而不争辩。天下事理有分别，就有不分别；有争辩，就有不争辩。这是怎么讲呢？圣人默默体认一切事理，众人则喋喋争辩而竞相夸示。所以说：凡是争辩，就有见不到的地方。

道是不可称名的，大辨是不可言说的，大仁是无所偏爱的，大廉是不逊让的，大勇是不伤害的。道昭然就不是道了，争辩就有所不及，仁常守滞一处就不能周遍，廉洁过分就不真实，勇怀害意则不能成为勇。这五者不要疏忽，那就不接近道了。

一个人能止于所不知的境域，就是极点了。谁能知晓不用言语的辩论，不用再说的大道理呢？若有能够知晓，就够得上称为天然的府库。这个天然的府库无论注入多少都不会满溢，无论倾出多少也不会枯竭，不知晓其源流来自何处，这就叫做潜藏的光明。

【体悟】

（1）"有始也者……"之义

有开始的主语指的是"宇宙"，还是指的是"道"？以往注疏家都解释为"宇宙"，这是错误的！主要依据是其下文有："夫道未始有封……"。

（2）"有有也者，有无也者"之义

这句话的意思是：（道）最初有它的"有"，有它的"无"。这与《道德经》的说法是一致的。《道德经》第一章："道，可道，非常道。名，可名，非常名。无，名天地之始；有，名万物之母。"

（3）"廉清而不信"之义

如果修炼者元神保持"廉清"，也就是处于"无为"的状态，那么，修炼者就不会感觉、体会到"道"了，也就是没有"信验"了。所以，要求修炼者要接近"无为"处于"无为"与"有为"之间。

（4）"……此之谓天府。注焉而不满，酌焉而不竭，而不知其所由来，此之谓葆光"之义

这与《道德经》的观点是一脉相承的。《道德经》第四章："道冲而用之，或不盈。"第五十二章："天下有始，以为天下母……塞其兑，闭其门，终身不勤。"

《庄子》里的"不满"对应《道德经》里的"不盈"；"不竭"对应"不勤"。都是指"修炼者的下丹田"——真气注而不满、用而不竭。

【原文】

故昔者尧问于舜曰："我欲伐宗、脍、胥敖⁽¹⁾，南面而不释然⁽²⁾，其故何也？"舜曰："夫三子者⁽³⁾，犹存乎蓬艾之间⁽⁴⁾。若⁽⁵⁾不释然，何哉？昔者十日并出⁽⁶⁾，万物皆照，而况德之进⁽⁷⁾乎日者乎！"

齧缺问乎王倪[8]曰："子知物之所同是[9]乎？"

曰："吾恶乎知之！"

"子知子之所不知邪？"

曰："吾恶乎知之！"

"然则物无知邪？"

曰："吾恶乎知之！虽然尝试言之。庸讵知[10]吾所谓知之非不知邪？庸讵知吾所谓不知之非知邪？且吾尝试问乎汝[11]：民湿寝则腰疾偏死[12]，鳅[13]然乎哉？木处则惴慄恂惧[14]，猨[15]猴然乎哉？三者孰知正处？民食刍豢[16]，麋鹿食荐[17]，蝍蛆甘带[18]，鸱鸦嗜鼠[19]，四者孰知正味？猨猵狙[20]以为雌，麋与鹿交，鳅与鱼游[21]。毛嫱、西施[22]，人之所美也；鱼见之深入，鸟见之高飞，麋鹿见之决骤[23]。四者孰知天下之正色哉？自我观之，仁义之端[24]，是非之涂[25]，樊然殽乱[26]，吾恶能知其辩[27]！"

齧缺曰："子不知利害，则至人固不知利害乎？"

王倪曰："至人神矣！大泽焚而不能热，河汉沍[28]而不能寒，疾雷破山而不能伤，飘风振海而不能惊。若然者，乘云气，骑日月，而游乎四海之外。死生无变于己，而况利害之端乎！"

【注释】

（1）"宗、脍、胥敖"：三个小国名。

（2）南面而不释然：南面，君主临朝。古代帝王上朝理事总坐北朝南。不释然，耿耿于怀，芥蒂于心。

（3）三子者：指上述三国的君主。

（4）存乎蓬艾之间：生存于蓬蒿艾草中间，比喻国微君卑，不足与之计较。蓬艾，两种草名。

（5）若：汝、你，此指尧。

（6）十日并出：指古代寓言中十个太阳一并出来的故事，此比喻阳光普照万物。

（7）进：进了一步，具有超过、胜过的意思。

（8）齧缺问乎王倪：齧缺问王倪。齧（niè）缺、王倪，撰造的名字。

（9）同是：共同所认可的；共同标准。

（10）庸讵知：安知、何知。

（11）女：汝、你。

（12）民湿寝则腰疾偏死：人睡在潮湿的地方，就会患腰痛或半身不遂。湿寝，在潮湿的地方寝卧。偏死，即半身不遂。

（13）鰌（qiū）："鳅"字的异体，即泥鳅。

（14）木处则惴慄恂惧：人爬上高树上就会惊恐不安。木处，在高高的树木上居住。惴、慄、恂（xún）、惧，四字都是恐惧、惧怕的意思。

（15）猨："猿"字的异体，指猿猴。

（16）刍豢：家畜。刍（chú），用草喂养的叫刍，指牛羊。豢（huàn），用谷子喂养的叫豢。

（17）麋鹿食荐：麋鹿吃草。麋（mí），一种食草的珍贵兽类，与鹿同科。荐（jiàn），美草。

（18）蝍蛆甘带：蜈蚣喜欢吃小蛇。蝍蛆（jíqū），蜈蚣。甘，甜美，嗜好。带，小蛇。

（19）鸱鸦耆鼠：鸱鹰和乌鸦则爱吃老鼠。鸱（chī），指猫头鹰。耆，亦写作"嗜"，嗜好。

（20）猵狙（biānjū）：一种类似猿猴的动物。

（21）游：戏游，即交尾。

（22）毛嫱（qiáng）、西施：古代美人。

（23）决骤：极速跑开。决，迅疾。骤，快速奔跑。

（24）端：端绪。

（25）塗：通作"途"，道路、途径。

（26）樊然殽乱：纷杂错乱。樊然，杂乱的样子。殽（yáo），这里讲作"淆"，混杂的意思。

（27）辩：通作"辨"，分别、区分的意思。

（28）沍（hù）：河水冻结。

【译文】

从前尧问舜说："我想讨伐宗、脍、胥敖，每当临朝，总是心神不宁，为什么呢？"

舜说："这个小国的君主，就如同生存在蓬蒿艾草中间一样。你心神不宁，为什么呢？从前据说有十个太阳同时升起，普照万物，何况道德的光芒超过太阳的呢！"

啮缺问王倪说："你知晓物的共同地方吗？"王倪说："我怎么知晓呢！"

啮缺又问："你知晓你所不明白的东西吗？"

王倪说："我怎么知晓呢！"

啮缺再问："那么万物就无法知晓了吗？"

王倪说："我怎么知晓呢！虽然这样，姑且让我说说看。怎么知晓我所说的'知'不是'不知'呢？怎么知晓我所说的'不知'并不是'知'呢？我且问你：人睡在潮湿的地方，就会患腰痛或半身不遂，泥鳅也会这样吗？人爬上高树上就会惊恐不安，猿猴也会这样吗？人、泥鳅、猿猴这三种动物谁的生活习惯才会符合标准呢？人吃肉类，麋鹿吃草，蜈蚣喜欢吃小蛇，猫头鹰和乌鸦则爱吃老鼠，这四种动物到底谁的口味才合标准呢？猵狙把雌猿作配偶，麋与鹿交合，泥鳅则与鱼交尾。毛嫱、西施是世人认为最美的；但是鱼儿见了就要深潜水底，鸟儿见了就要飞向高空，麋鹿见了就极速跑开；这四种动物究竟哪一种美色才算最高标准呢！依我来看，仁与义的观点，是与非的途径，纷杂错乱，我哪里有法子加以分别呢？"

啮缺说："你不知利与害，至人也不知利与害吗？"王倪说："啊！至人神妙极了！山林焚烧不能使他感到热，河水冻结而不能使他感到冷，迅疾的雷霆劈山破岩不能使他受到伤害，狂风翻江倒海不能使他感到惊恐。这样的至人，驾着云气，骑乘日月，而遨游于四海之外，生死对于他没有影响，何况利害的观念呢！"

【原文】

瞿鹊子问乎长梧子⁽¹⁾曰："吾闻诸夫子⁽²⁾:'圣人不从事于务⁽³⁾,不就利,不违害,不喜求,不缘道;无谓有谓⁽⁴⁾,有谓无谓⁽⁵⁾,而游乎尘垢之外。'夫子以为孟浪⁽⁶⁾之言,而我以为妙道之行也。吾子以为奚若?"

长梧子曰:"是黄帝之所听荧⁽⁷⁾也,而丘也何足以知之!且汝亦大早计⁽⁸⁾,见卵而求时夜⁽⁹⁾,见弹而求鸮炙⁽¹⁰⁾。

予尝为女妄言之,女以妄听之奚?旁⁽¹¹⁾日月,挟宇宙,为其脗⁽¹²⁾合,置其滑湣⁽¹³⁾,以隶相尊⁽¹⁴⁾。众人役役,圣人愚芚⁽¹⁵⁾,参万岁而一成纯⁽¹⁶⁾。万物尽然,而以是相蕴⁽¹⁷⁾。

"予恶乎知说⁽¹⁸⁾生之非惑邪!予恶乎知恶死之非弱丧而不知归者邪⁽¹⁹⁾!丽之姬,艾封人之子⁽²⁰⁾也,晋国之始得之也,涕泣沾襟;及其至于王所,与王同筐床,食刍豢,而后悔其泣也。予恶乎知夫死者不悔其始之蕲生乎!

"梦饮酒者,旦而哭泣;梦哭泣者,旦而田猎。方其梦也,不知其梦也。梦之中又占其梦焉,觉而后知其梦也。且有大觉而后知此其大梦也。而愚者自以为觉,窃窃然⁽²¹⁾知之。君乎,牧乎,固哉⁽²²⁾!丘也与女,皆梦也;予谓女梦,亦梦也。是其言也,其名为吊诡⁽²³⁾。万世之后而一遇大圣,知其解者,是旦暮⁽²⁴⁾遇之也。"

"既使我与若⁽²⁵⁾辩矣,若胜我,我不若胜,若果是也,我果非也邪?我胜若,若不吾胜,我果是也,而果非也邪?其或是也,其或非也邪?其俱是也,其俱非也邪?我与若不能相知也,则人固受其黮暗⁽²⁶⁾,吾谁使正之?使同乎若者正之?既与若同矣,恶能正之!使同乎我者正之?既同乎我矣,恶能正之!使异乎我与若者正之?既异乎我与若矣,恶能正之!使同乎我与若者正之?既同乎我与若矣,恶能正之!然则我与若与人俱不能相知也,而待彼也邪?

化声之相待,若其不相待,和之以天倪,因之以曼衍,所以穷年也。何谓和之以天倪⁽²⁷⁾?曰:是不是,然不然。是若果是也,则是之异乎不是也，亦无辩；然若果然也，则然之异乎不然也亦无辩。忘年忘义⁽³⁰⁾，振于无竟⁽³¹⁾，故寓诸无竟。"

【注释】

（1）瞿鹊子问乎长梧子：瞿鹊子向长梧子问。瞿鹊子、长梧子，杜撰的人名。

（2）夫子：孔子，名丘，字仲尼，儒家创始人。

（3）务：事，含有琐细事务的意思。

（4）无谓有谓：无言如同有言，即没有说话却好像说了。谓，说、言谈。

（5）有谓无谓：有言如同无言，即说了话好像没有说。

（6）孟浪：言语轻率不当。

（7）听荧（yíng）：疑惑。

（8）大早计：谋虑得太早。大早，过早。计，考虑。

（9）时夜：司夜，即报晓的鸡。

（10）见弹而求鸮炙：见到弹丸便想烧斑鸠肉吃。鸮（xiāo），一种肉质鲜美的鸟，俗名斑鸠。炙，烤肉。

（11）旁（bàng）：依傍。

（12）脗："吻"字的异体。

（13）置其滑涽：任其纷乱于不顾。滑（gǔ），淆乱。涽（hūn），昏乱。

（14）以隶相尊：以卑相尊。隶，奴仆，这里指地位卑贱。

（15）芚（chūn）：浑然无所知。

（16）参万岁而一成纯：谓糅合古今无数变异而成一精纯之体。参，糅合。万岁，古今。纯，精粹不杂。

（17）而以是相蕴：意指相互相蕴含于精纯浑朴之中。

（18）予恶乎知说（yuè）：我怎么知晓喜悦。说，通作"悦"，喜悦。

（19）予恶乎知恶死之非弱丧而不知归者邪：我怎么知晓怕死不是像自幼流落他乡而不知返回家乡那样。恶死，讨厌死亡。弱，年少。丧，丧失，这里指流离失所。

（20）"丽之姬，艾封人之子也"：丽姬是艾地封疆守土之人的女儿。丽之姬，即丽姬，宠于晋献公，素以美貌称于世。艾，地名。封人，封疆守土的人。子，女儿。

（21）窈窈然：自知、明察的样子。

（22）"君乎，牧乎，固哉"：贵、贱，实在是浅薄鄙陋。牧，用指所谓卑贱的人，与高贵的"君"相对。固，鄙陋。

（23）吊诡：奇特、怪异。

（24）旦暮：很短的时间，含有偶然的意思。

（25）我与若：我与你。我，此指长梧子。若，你，为说话人的对方瞿鹊子。

（26）黮暗：暗昧不明，所见偏蔽。黮（dàn），云黑色。

（27）天倪：天然的边际。倪，端、边际。

（28）化声之相待：各种论辩是非的言论是互相对而成立的。化声，变化的声音，这里指是非不同的言论。相待，对待、招待、款待。

（29）因之以曼衍：顺应变化发展。因，顺应。曼衍，变化发展。

（30）忘年忘义：忘掉生死忘掉是非。年，指生死。义，指是非。

（31）振于无竟：畅游于无穷的境地。振，奋起、振作、畅。竟，通作"境"，境界、境地。

【译文】

　　瞿鹊子向长梧子问说："我听孔夫子说过：'圣人不去营谋那些世俗的事，不贪图利益，不躲避危害，不喜欢妄求，不拘泥于道；没有说话好像说了，说了话又好像没有说，而心神遨游于世俗之外。'孔夫子认为这些都是不着实际的无稽之言，我认为这正是妙道的行径。你认为怎么样？"

　　长梧子说："这些话黄帝听了都会疑惑不解，而孔丘怎么能够知晓呢？你未免谋虑得太早，就像见到鸡蛋便想立即得到报晓的公鸡，见到弹丸便想烧吃斑鸠肉。现在我姑且说说，你姑且听听，怎么样？圣人同日月并明，怀抱宇宙，和万物吻合一体，是非看乱置之不问，把世俗上尊卑贵贱的分别看作是一样的。众人熙熙攘攘，圣人浑朴相安，他糅合古今无数变异而成一精纯之体。万物全都是如此，而相互蕴含于精纯浑朴之中。

"我怎么知晓贪生不是迷惑呢？我怎么知晓怕死不是像自幼流落他乡而不知返回家乡那样呢？丽姬是艾地封疆守土之人的女儿，当晋国刚迎娶她的时候，哭得泪水浸透了衣襟；等她到了晋国的王宫里，和国王同睡一床，同吃美味的鱼肉，这才后悔当初不该哭泣。我怎能知晓人死了不后悔当初不该恋生呢？

"梦见饮酒作乐的人，醒后或许会遇到不如意的事而哭泣；梦见伤心痛哭的人，醒后或许会有一场打猎的快乐。当人在梦中，却不知晓自己是在做梦。有时在睡梦中还会做梦，醒了之后才知晓是做梦，只有非常清醒的人才知晓不觉醒的一生就像是一场大梦。可是愚昧的人却自以为清醒，自以为什么都知晓。什么君主呀、臣子呀，实在是浅薄鄙陋呀！我看孔丘和你，也都是在做梦；我说你在做梦，也是在做梦。这些话，称为奇特的言论。也许经过万世之后能遇到一位大圣，了悟这个道理，也如同朝夕相遇一样平常！

"假使我和你辩论，你胜了我，我没有胜你，你果真对吗？我果真错吗？我胜了你，你没有胜我，我果真对吗？你果真错吗？是我们两人有一人对，有一人错呢？还是我们两人都对，或者都错呢？我和你都不知晓，凡人都有偏见，我们请谁来评判是非？假使请意见和你相同的人来评判，他已经和你相同了，怎么评判呢？假使请意见和我相同的人来评判，他已经和我相同了，怎么能够的评判呢？假使请意见和你我都不相同的人来评判，他已经和你我相异了，怎么能评判呢？假使请意见和你我都相同的人来评判，他已经和你我相同了，怎么能作出公正的判断呢？那么，我和你及其他的人都不能评定谁是谁非了，还等待谁呢？

"变化的声音是相待而成的，如果要使不相对待，就要用自然的分际来调和它，我的言论散漫不拘于常规，随物因变而悠游一生。什么叫做用'自然的分际'来调和一切是非？任何东西有'是'便有'不是'，有

'然'便有'不然'。'是'果真是'是'，就和'不是'有区别，这样就不须辩论；'然'果真是'然'，就和'不然'有区别，这样也不须辩论。不计岁月、超越仁义，畅游于无穷的境域，这样就把自己寄寓在无穷的境地。"

【体悟】

（1）"众人役役，圣人愚芚"之义

《道德经》第二十章："众人熙熙，如享太牢、如春登台。我独泊兮，其未兆，如婴儿之未孩；累累兮，若无所归。众人皆有余，而我独若遗，我愚人之心也哉！沌沌兮，俗人昭昭，我独昏昏。

"芚"，浑然无所知的意思。"愚芚"与《道德经》中的"愚""昏昏"是一个意思。"众人役役，圣人愚芚"和"俗人昭昭，我独昏昏"，都是描写"众人"与"圣人"的差异。

【原文】

罔两问景(1)曰："曩(2)子行，今子止；曩子坐，今子起；何其无特操与(3)？"

景曰："吾有待而然者邪！吾所待又有待而然者邪？吾待蛇蚹蜩翼邪(4)？恶识所以然！恶识所以不然！"

昔者庄周梦为胡蝶，栩栩然(5)胡蝶也，自喻适志与(6)！不知周也。俄然(7)觉，则蘧蘧然(8)周也。不知周之梦为胡蝶与，胡蝶之梦为周与？周与胡蝶，则必有分矣。此之谓物化(9)。

【注释】

（1）罔两问景：影子之外的淡影问影子。罔两，影子之外的微阴。景，影的古字。

（2）曩（nǎng）：以往，从前。

（3）无特操与：无独立的操守。特，独。操，操守。

（4）吾待蛇蚹蜩翼邪：我所依凭的就像蛇有依凭于腹下鳞皮、鸣蝉依凭于翅膀。待，依凭、依靠。蚹（fù），蛇肚腹下的横鳞，蛇赖此行走。蜩，蝉。

（5）栩栩然：欣然自得的样子。栩（xǔ），形容生动传神的样子。

（6）自喻适志与：自己感到多么愉快和惬意。喻，通作"愉"，愉快。适志，合乎心意，心情愉快。

（7）俄然：突然。

（8）蘧蘧然：悠然自得貌的样子。蘧（qú），惊喜的样子

（9）物化：物的变化。

【译文】

影子之外的淡影问影子说："刚才你移动，现在又停下；刚才你坐着，现在你又站了起来；你怎么这样没有独特的意志呢？"

影子回答说："我因为有所依凭才会这个样子吗？我所依凭的东西又有所依凭才会这样子吗？我所依凭的就像蛇依凭于腹下鳞皮、鸣蝉依凭于翅膀！我怎能知晓为什么会这样！怎能知晓为什么不会这样呢！"

从前庄周梦见自己变成蝴蝶，翩翩飞舞的一只蝴蝶，自己感到多么愉快和惬意啊！根本不知晓自己原本是庄周。忽然间醒来，自己分明是庄周。不知是庄周做梦变化为蝴蝶呢！还是蝴蝶做梦化为庄周呢？庄周与蝴蝶必定是有所区别的。这种就可以称作"物化"。

【体悟】

（1）"罔两问景"寓言，其寓意是借助于"淡影"与"影子"的对话，阐述"依凭"的问题。"淡影"依凭"影子"；"影子"又依凭"物"。这些犹如蛇依凭于腹下鳞皮行动、鸣蝉依凭于翅膀飞行。这则短小的寓

言，实际重点在说明万物都从"道"而来。对于人而言，"有"（感觉）的"道"依凭人体"无"（感觉）的"道"；人身中的"道"，从"无"到"有"又依凭于"元神"的作用。

（2）"庄周梦蝶"寓言，旨在阐明人通过修炼进入"物我两忘"状态，实现逍遥自在的境界。常人有两种状态，即睡眠与清醒状态。而修炼得道之人（至人、神人、圣人）可以多出一种状态，即"物我两忘"状态，这种状态是处于睡眠与清醒状态中间的一种状态。睡眠状态，不受人为大脑的控制；清醒状态，受人为大脑的控制；"物我两忘"状态，是一种受大脑微弱的控制（心神糊涂），意识处于半清醒、半睡眠状态。"物我两忘"状态，亦称为"冥想"或"禅修"。

"昔者庄周梦为胡蝶"——从前庄周梦见自己变成蝴蝶，说明此时，庄周还没有成为"真人"，《大宗师》有："古之真人，其寝不梦"——古时的真人不做梦。但由于真人可以实现"半梦半醒"状态，所以"真人"可以实现"梦"中的"佳境"！

【本篇小结】

此篇是庄子内七篇中最难懂的一篇。《齐物论》的真正含义究竟是什么？虽然自古以来这一问题在学界一直在探讨，而且至今仍在进行中，但是，讨论的焦点仍然集中在是"齐物"论，还是"齐物"与"齐一"论上。所谓"齐物"，是说万物包括人的品性和感情，看起来是千差万别，归根结底却又是齐一的，这就是"齐物"。所谓"齐一"，是说人们的各种看法和观点，看起来是千差万别的，但世间万物既是齐一的，言论归根结底也应是齐一的，没有所谓是非和不同，这就是"齐一"。庄子的这种见解是抓住了事物的一个方面加以强调，具有片面性。文章中有辩证的观点，也常常陷入形而上学观点之中。

笔者认为"齐物论"的含义就是"齐物"之论，即"万物一类之论说"。核心内容讲"道"与"言"。"天地大美，万物一类"，然而用"言"（论）是辨别不清"万物一类"的问题，只有亲身践行，才能懂得"万物一类"的奥妙，实现人生的逍遥境界。

全篇共分七个部分，运用了七个寓言故事。第一部分，主要讲"道"。南郭子綦隐机而坐——坐忘（见"大宗师"篇），而后谈及人籁、地籁和天籁的问题。核心之义是"咸其自取"。借天籁的声音喻"坐忘"。第二部分，主要讲"言"。无论大智还是小智，无论大言者还是小言者。他们睡着时进入了梦境，睡醒时又开始展现了他们的本质。描写了他们整天勾心斗角的种种伎俩、特征。第三部分，主要讲"道"。描写了道的特征——无形、可以信验等。第四部分，主要讲"言"与"道"。阐述道从"无"到"有"等特征，其特征不是用言论能辩清的。第五部分，主要讲"言"与"道"。旨在说明"天地大美，万物一类"的道理。只有通达的人才能知晓物的相通而为一类。借"朝三暮四""昭氏弹琴"的寓言，来说明"道"之所以"亏"的问题，"道"不彰显，人也应如此。第六部分，是第五部分的继续，主要讲"言"与"道"。言"道"的"开始"问题。用动物与人的差异，来论说常人不知物的共性、厉害，至人"物我两忘"不惧生死、更不惧厉害。第七部分，用"罔两问景"与"庄周梦蝶"的寓言，说明众生平等，人与物合。

056

【本篇原文】

（第一部分）

子游曰："敢问其方。"南郭子綦隐机而坐，仰天而嘘，荅焉似丧其耦。颜成子游立侍乎前，曰："何居乎？形固可使如槁木，而心固可使如死灰乎？今之隐机者，非昔之隐机者也。"

子綦曰："偃，不亦善乎？而问之也！今者吾丧我，汝知之乎？汝闻人籁而未闻地籁；汝闻地籁而未闻天籁夫！"

子綦曰："夫大块噫气，其名为风。是唯无作，作则万窍怒呺。而独不闻之翏翏乎？山陵之畏佳，大木百围之窍穴，似鼻，似口，似耳，似枅，似圈，似臼，似洼者，似污者；激者，謞者，叱者，吸者，叫者，譹者，宎者，咬者。前者唱于而随者唱喁。泠风则小和，飘风则大和，厉风济则众窍为虚。而独不见之调调之刁刁乎?"

　　子游曰:"地籁则众窍是已,人籁则比竹是已,敢问天籁。"

　　子綦曰:"夫天籁者,吹万不同,而使其自己也,咸其自取,怒者其谁邪!"

（第二部分）

　　大知闲闲,小知閒閒;大言炎炎,小言詹詹。其寐也魂交,其觉也形开,与接为构,日以心斗。缦者,窖者,密者。小恐惴惴,大恐缦缦。其发若机栝,其司是非之谓也;其留如诅盟,其守胜之谓也;其杀若秋冬,以言其日消也;其溺之所为之,不可使复之也;其厌也如缄,以言其老洫也;近死之心,莫使复阳也。喜怒哀乐,虑叹变热,姚佚启态;乐出虚,蒸成菌。日夜相代乎前,而莫知其所萌。已乎,已乎!旦暮得此,其所由以生乎!

（第三部分）

　　非彼无我,非我无所取。是亦近矣,而不知其所为使。若有真宰,而特不得其眹;可行已信;而不见其形。有情而无形。

　　百骸、九窍、六藏,赅而存焉,吾谁与为亲?汝皆说之乎?其有私焉?如是皆有为臣妾乎?其臣妾不足以相治乎?其递相为君臣乎?其有真君存焉?如求得其情与不得,无益损乎其真。

　　一受其成形,不亡以待尽。与物相刃相靡,其行尽如驰,而莫之能止,不亦悲乎!终身役役而不见其成功,苶然疲役而不知其所归,可不哀邪!人谓之不死,奚益!其形化,其心与之然,可不谓大哀乎?人之生也,固若是芒乎?其我独芒,而人亦有不芒者乎?

（第四部分）

　　夫随其成心而师之,谁独且无师乎?奚必知代而心自取者有之?愚者与有焉。未成乎心而有是非,是今日适越而昔至也。是以无有为有。无有为有,虽有神禹,且不能知,吾独且奈何哉!

夫言非吹也，言者有言，其所言者特未定也。果有言邪？其未尝有言邪？其以为异于鷇音，亦有辩乎，其无辩乎？

道恶乎隐而有真伪？言恶乎隐而有是非？道恶乎往而不存？言恶乎存而不可？道隐于小成，言隐于荣华。故有儒墨之是非，以是其所非而非其所是。欲是其所非而非其所是，则莫若以明。

物无非彼，物无非是。自彼则不见，自是则知之。故曰：彼出于是，是亦因彼。彼是方生之说也，虽然，方生方死，方死方生；方可方不可，方不可方可。因是因非，因非因是。是以圣人不由，而照之于天，亦因是也。

是亦彼也，彼亦是也。彼亦一是非，此亦一是非。果且有彼是乎哉？果且无彼是乎哉？彼是莫得其偶，谓之道枢。枢始得其环中，以应无穷。是亦一无穷，非亦一无穷也。故曰：莫若以明。

（第五部分）

以指喻指之非指，不若以非指喻指之非指也；以马喻马之非马，不若以非马喻马之非马也。天地一指也，万物一马也。

道行之而成，物谓之而然。有自也而可，有自也而不可。有自也而然，有自也而不然。恶乎然？然于然。恶乎不然？不然于不然。恶乎可？可于可。恶乎不可？不可于不可。物固有所然，物固有所可。无物不然，无物不可。故为是举莛与楹，厉与西施，恢恑憰怪，道通为一。其分也，成也；其成也，毁也。凡物无成与毁，复通为一。

唯达者知通为一，为是不用而寓诸庸；因是已。已而不知其然，谓之道。

劳神明为一，而不知其同也，谓之朝三。何谓朝三？狙公赋芧曰："朝三而暮四"。众狙皆怒。曰："然则朝四而暮三"。众狙皆悦。名实未亏而喜怒为用，亦因是也。是以圣人和之以是非而休乎天钧，是之谓两行。

古之人，其知有所至矣。恶乎至？有以为未始有物者，至矣，尽矣，不可以加矣。其次，以为有物矣，而未始有封也。其次，以为有封焉，而未始有是非也。是非之彰也，道之所以亏也。道之所以亏，爱之所以成。果且有成与亏乎哉？果且无成与亏乎哉？有成与亏，故昭氏之鼓琴也。无成与亏，故昭氏之不鼓琴也。昭文之鼓琴也，师旷之枝策也，惠子之据梧也，三子之知，几乎皆其盛者也，故载之末年。唯其好之也，以异于彼；其好之也，欲以明之。彼非所明而明之，故以坚白之昧终。而其子又以文之纶终，终身无成。若是而可谓成乎？虽我无成，亦可谓成矣。若是而不可谓成乎？物与我无成也。是故滑疑之耀，圣人之所图也。为是不用而寓诸庸，此之谓以明。

（第六部分）

今且有言于此，不知其与是类乎？其与是不类乎？类与不类，相与为类，则与彼无以异矣。虽然，请尝言之。有始也者，有未始有始也者，有未始有夫未始有始也者。有有也者，有无也者，有未始有无也者，有未始有夫未始有无也者。俄而有无矣，而未知有无之果孰有孰无也。今我则已有谓矣，而未知吾所谓之其果有谓乎，其果无谓乎？

天下莫大于秋豪之末，而大山为小；莫寿于殇子，而彭祖为夭。天地与我并生，而万物与我为一。既已为一矣，且得有言乎？既已谓之一矣，且得无言乎？一与言为二，二与一为三。自此以往，巧历不能得，而况其凡乎！故自无适有以至于三，而况自有适有乎！无适焉，因是已。

夫道未始有封，言未始有常，为是而有畛也，请言其畛：有左，有右，有伦，有义，有分，有辩，有竞，有争，此之谓八德。六合之外，圣人存而不论；六合之内，圣人论而不议。春秋经世先王之志，圣人议而不辩。故分也者，有不分也；辩也者，有不辩也。曰：何也？圣人怀之，众人辩之以相示也。故曰辩也者，有不见也。夫大道不称，大辩不言，大仁不仁，大廉不嗛，大勇不忮。道昭而不道，言辩而不及，仁常而不周，廉清而不信，勇忮而不成。五者无弃而几向方矣。故知止其所不知，至矣。孰知不言之辩，不道之道？若有能知，此之谓天府。注焉而不满，酌焉而不竭，而不知其所由来，此之谓葆光。

故昔者尧问于舜曰："我欲伐宗、脍、胥敖，南面而不释然，其故何也?"舜曰:"夫三子者,犹存乎蓬艾之间。若不释然,何哉?昔者十日并出,万物皆照,而况德之进乎日者乎!"

啮缺问乎王倪曰:"子知物之所同是乎?"

曰:"吾恶乎知之!"

"子知子之所不知邪?"

曰:"吾恶乎知之!"

"然则物无知邪?"

曰:"吾恶乎知之!虽然,尝试言之。庸讵知吾所谓知之非不知邪?庸讵知吾所谓不知之非知邪?且吾尝试问乎汝:民湿寝则腰疾偏死,鳅然乎哉?木处则惴慄恂惧,猨猴然乎哉?三者孰知正处?民食刍豢,麋鹿食荐,蝍蛆甘带,鸱鸦、嗜鼠,四者孰知正味?猨猵狙以为雌,麋与鹿交,鳅与鱼游。毛嫱、西施,人之所美也;鱼见之深入,鸟见之高飞,麋鹿见之决骤。四者孰知天下之正色哉?自我观之,仁义之端,是非之塗,樊然殽乱,吾恶能知其辩!"

啮缺曰:"子不知利害,则至人固不知利害乎?"

王倪曰:"至人神矣!大泽焚而不能热,河汉冱而不能寒,疾雷破山而不能伤,飘风振海而不能惊。若然者,乘云气,骑日月,而游乎四海之外。死生无变于己,而况利害之端乎!"

瞿鹊子问乎长梧子曰:"吾闻诸夫子:'圣人不从事于务,不就利,不违害,不喜求,不缘道;无谓有谓,有谓无谓,而游乎尘垢之外。'夫子以为孟浪之言,而我以为妙道之行也。吾子以为奚若?"

长梧子曰:"是黄帝之所听荧也,而丘也何足以知之!且汝亦大早计,见卵而求时夜,见弹而求鸮炙。予尝为女妄言之,女以妄听之奚?旁日月,挟宇宙,为其脗合,置其滑涽,以隶相尊。众人役役,圣人愚芚,参万岁而一成纯。万物尽然,而以是相蕴。

"予恶乎知说生之非惑邪!予恶乎知恶死之非弱丧而不知归者邪!丽之姬,艾封人之子也,晋国之始得之也,涕泣沾襟;及其至于王所,与王同筐床,食刍豢,而后悔其泣也。予恶乎知夫死者不悔其始之蕲生乎!

"梦饮酒者，旦而哭泣；梦哭泣者，旦而田猎。方其梦也，不知其梦也。梦之中又占其梦焉，觉而后知其梦也。且有大觉而后知此其大梦也。而愚者自以为觉，窃窃然知之。君乎，牧乎，固哉！丘也与女，皆梦也；予谓女梦亦梦也。是其言也，其名为吊诡。万世之后而一遇大圣，知其解者，是旦暮遇之也。"

"既使我与若辩矣，若胜我，我不若胜，若果是也，我果非也邪？我胜若，若不吾胜，我果是也，而果非也邪？其或是也，其或非也邪？其俱是也，其俱非也邪？我与若不能相知也，则人固受其黮暗，吾谁使正之？使同乎若者正之？既与若同矣，恶能正之！使同乎我者正之？既同乎我矣，恶能正之！使异乎我与若者正之？既异乎我与若矣，恶能正之！使同乎我与若者正之？既同乎我与若矣，恶能正之！然则我与若与人，俱不能相知也，而待彼也邪？

化声之相待，若其不相待，和之以天倪，因之以曼衍，所以穷年也。"何谓和之以天倪？曰：是不是，然不然。是若果是也，则是之异乎不是也，亦无辩；然若果然也，则然之异乎不然也亦无辩。化声之相待，若其不相待，和之以天倪，因之以曼衍，所以穷年也。忘年忘义，振于无竟，故寓诸无竟。"

（第七部分）

罔两问景曰："曩子行，今子止；曩子坐，今子起；何其无特操与？"景曰："吾有待而然者邪？吾所待又有待而然者邪？吾待蛇蚹蜩翼邪？恶识所以然！恶识所以不然！"

昔者庄周梦为胡蝶，栩栩然胡蝶也，自喻适志与！不知周也。俄然觉，则蘧蘧然周也。不知周之梦为胡蝶与，胡蝶之梦为周与？周与胡蝶，则必有分矣。此之谓物化。

养生主

【原文】

吾生也有涯⁽¹⁾，而知也无涯⁽²⁾。以有涯随⁽³⁾无涯，殆已⁽⁴⁾；已⁽⁵⁾而为知者，殆而已矣⁽⁶⁾。为善无近名⁽⁷⁾，为恶无近刑⁽⁸⁾。缘督以为经⁽⁹⁾，可以保身，可以全生⁽¹⁰⁾，可以养亲⁽¹¹⁾，可以尽年⁽¹²⁾。

【注释】

（1）吾生也有涯：我的养生认知有限。生，养生。涯，边际、界限。

（2）而知也无涯：而养生的认知是无限的。知，知识、认知。

（3）随：追随、索求。

（4）殆已：殆，危险。已，语气助词。

（5）已：如此。

（6）已矣：语气词连用，加强语，表示事物的发展变化。

（7）为善无近名：善养生不追求名声。近，亲近，这里含有追求的意思。名，名声。

（8）为恶无近刑：不善养生就不追求养生的法则。恶，与"善"相对。刑，法。

（9）缘督以为经：顺着督脉作为经脉修道。

（10）全生：保全天性。生，通作"性"。

（11）养亲：保养六亲。亲，六亲，即人的"眼、耳、鼻、舌、身、意"。

（12）尽年：终享天年，不使夭折。

【今译】

我养生的认知有限，而养生的认知无限。以有限的认知追随无限的认知，就危险了；作为认知的人，就有危险了。善于养生不追求名声，不善于养生不追求养生的法则。顺着督作为经脉修道，可以保身，可以保全生命，可以保养"六亲"，可以终享天年。

【体悟】

（1）"为善无近名，为恶无近刑"之义

这两句话，不好理解，前人有两种解译，一种是按"世俗"解译；一种按"养生"解译。"世俗"解译为：做善事不追求名声，做恶事不遭受刑戮。按"养生"解译为：善养生不亲近名声，不善养生不亲近自然之法。

首先看看"善、恶"之义：

这里的"善、恶"，乃养生之言。"为善"，谓"善养生"；"为恶"，谓不善养生。那么，"为恶"为何不写成"不为善"呢？这主要是前后两句的"对偶"修辞写法——"为善"对应"为恶"。

《逍遥游》有："故曰：至人无己，神人无功，圣人无名。"这里是说，修道之人不要"己、功、名"。这与本篇的"为善无近名"表达的是一个意思。

再看看"刑"之义：

"刑"字有"罚""形""型""法"等多义。《国语·鲁语下》："少采夕月，与大史、司载纠虔天刑。"韦昭注："刑，法也。"本文这里的"刑"是指"天刑"，其"刑"是"法"之义。在本篇下文中有："……是遁天倍情，忘其所受，古者谓之遁天之刑。"这段话的意思是：……这是逃避自然规律违背本性的，忘掉了人是自然所赋予的生命，古时候称这为逃避自然规律之法。

（2）"缘督以为经"之义

由《庄子》提出"缘督以为经"的认知，推测当时"督脉"一词已经出现了。在春秋时代老子所著《道德经》第二章有："故有无相生，难易相成；长短相较，高下相倾；音声相和，前后相随。"这里"前后相随"与"缘督以为经"是一个意思，因循自然的规律。

综上所述，可以看出本文开头部分的三段话，都是讲养生的，也是紧扣主题："养生主"——养生的认知很多，也非常重要。本篇开头，短短几句话，却蕴含着养生的真谛，句句真理，妙不可言！

【原文】

庖丁为文惠君解牛[1]，手之所触，肩之所倚，足之所履[2]，膝之所踦[3]，砉[4]然响然，奏刀騞然[5]，莫不中音[6]；合于《桑林》[7]之舞，乃中《经首》[8]之会。

文惠君曰："嘻，善哉！技盖[9]至此乎？"

庖丁释[10]刀对曰："臣之所好者道[11]也，进乎技矣[12]。始臣之解牛之时，所见无非全牛者。三年之后，未尝见全牛也。方今之时，臣以神[13]遇而不以目视，官知止而神欲行[14]。依乎天理[15]，批大郤[16]导大窾[17]，因其固然[18]，枝经肯綮之未尝[19]，微碍，而况大軱[20]乎！良庖岁[21]更刀，割也；族庖[22]月更刀，折[23]也。今臣之刀十九年矣，所解数千牛矣，而刀刃若新发于硎[24]。彼节者有间，而刀刃者无厚；以无厚入有间，恢恢乎其于游刃[25]必有余地矣。是以十九年而刀刃若新发于硎。虽然，每至于族[26]，吾见其难为，怵然[27]为戒，视为止，行为迟。动刀甚微，謋[28]然已解，牛不知其死也，如土委[29]地。提刀而立，为之四顾，为之踌躇满志[30]，善[31]刀而藏之。"

文惠君曰："善哉！吾闻庖丁之言，得养生[32]焉。"

【注释】

（1）庖丁为文惠君解牛：庖丁给文惠君解牛。"庖丁"即厨师。一说
　　"庖"指厨师，"丁"是他的名字。为（wèi），替、给。文惠君，
　　人名。解，剖开、分解。

（2）履：踏、踩。

（3）踦（yǐ）：通"倚"，用膝抵住。

（4）砉（huò）：皮肉分离的声音。

（5）奏刀騞然：进刀割解时哗啦响声。奏，进。騞（huò）同砉，騞然，
　　用刀割肉的声音。

（6）中音：合乎音乐的节奏。中（zhòng），合乎。

（7）《桑林》：传说中殷商时代的乐曲名。

（8）《经首》之会：符合《经首》乐章的乐律。《经首》，传说中帝尧时代
　　的乐曲名。会，乐律、节奏。

（9）盖：通作"盍（hé）"，何、怎么的意思。

（10）释：放下。

（11）所好者道：所喜好的是"道"。好（hào），喜好。道，元气，在人
　　身也叫"真气"。

（12）进乎技矣：超过了技巧。进，进了一层，含有超过、胜过的意思。
　　乎，于、比。

（13）神：心神。

（14）官知止而神欲行：器官的作用都停止了，只用心神去领会而不必
　　用眼睛去看。官，器官，这里指眼。知，知觉，这里指视觉。神欲
　　行，喻心神自运，而随心所欲。

（15）天理：自然的纹理，这里指牛体的自然结构。

（16）批大郤：劈开筋肉的缝隙。批，击。郤（xì），通作"隙"，这里
　　指牛体筋腱骨骼间的空隙。

（17）导大窾：导向骨节间大的空隙。导，引导、导向。窾（kuǎn），

空，这里指牛体骨节间较大的空处。

（18）因其固然：顺着牛的自然结构。因，依，顺着。固然，本然，原本的样子。

（19）枝经肯綮之未尝：支脉经脉相连的部位都没有一点妨碍。枝经，指经络结聚的地方。枝（zhī），原误作"技"，指支脉。经，经脉。肯，附在骨上的肉。綮（qìng），骨肉连接很紧的地方。未，不曾。尝，尝试。

（20）軱（gū）：大骨。

（21）岁：每年。

（22）族庖：指一般的厨师。

（23）折：断，这里指用刀砍断骨头。

（24）新发于硎：刚从磨刀石上磨过一样。发，出，这里指刚从磨刀石上磨出来。硎（xíng），磨刀石。

（25）恢恢乎其于游刃：游刃宽绰而有余地。恢恢，宽广。游刃，运转的刀刃。

（26）族：指骨节、筋腱聚结交错的部位。族，古同"簇"，丛聚之义。

（27）怵（chù）然：小心谨慎的样子。

（28）謋（huò）：牛体分解的声音。

（29）委：堆积。

（30）踌躇满志：对自己取得的成就非常得意。踌躇，悠然自得的样子。满志，满足了心意。

（31）善：这里讲作摆弄、擦拭的意思。

（32）养生：养生的道理。

【今译】

庖丁给文惠君解牛，手所接触的地方，肩靠着的地方，脚踩踏的地方，膝抵住的地方，都发出砉砉的声响，进刀割解时哗啦的响声，没有不符合音乐；合于《桑林》舞曲的节奏，又符合《经首》乐章的乐律。

文惠君说："啊，好极了！技术怎么达到如此高超的地步？"

庖丁放下刀回答说："我所喜好的是道，已经超过技术了。我开始分解牛的时候，所见无非是一头整牛。三年之后，就未曾看见一头整牛了。到了现在，我只用心神去领会而不必用眼睛去看了，器官的作用停止而只是心神在运行。顺着牛身上自然的纹理，劈开筋肉的缝隙，导向骨节间大的空隙，顺着牛的自然结构去用刀；就连经络相连的部位都没有一点妨碍，何况那些大骨头呢！优秀的厨师一年更换一把刀，他们是用刀割筋肉；普通的厨师一个月就更换一把刀，他们是在用刀砍骨头。如今我使用这把刀已经十九年了，所宰杀的牛有几千头了，而刀刃就像刚从磨刀石上磨过一样锋利。因为牛的骨节乃至各个组合部位之间是有间隙的，而刀刃几乎没有什么厚度；以没有厚度的刀刃切入有间隙的骨节，当然是游刃宽绰而有余了。所以我的刀使用了十九年刀锋仍像刚从磨刀石上磨过一样。虽然这样，每当遇上筋腱、骨节聚结交错的地方，我知晓不容易下刀，小心谨慎，眼神专注，动作迟缓，刀子微微一动，牛体就哗啦的分解开来，如同泥土溃散在地上一般，牛还不知道自己已经死了呢！这时我提刀站在那，张望四周，对自己取得的成就心满意足，这才擦拭好刀收藏起来。"

文惠君说："好啊！我听了庖丁这一番话，从中得到养生的道理了。"

067

【体悟】

（1）"臣之所好者道也，进乎技矣"之义

文惠君说："嘻，好啊！技术怎么达到如此高超的地步呢？"庖丁放下刀回答说："我所喜好的是"道"，超过了技巧。这句话，足以说明"道"在技术（技巧）中发挥的作用。

（2）"吾闻庖丁之言，得养生焉"之义

文惠君在听庖丁对他解牛体验、认识等详细的描述，最后，文惠君说："好啊！我听了庖丁这一番话，从中得到养生的道理了。"那么，得到了养生的什么道理呢？那就是"养生主"，即养生最主要的道理或法则——顺应自然！

【原文】

公文轩见右师[1]而惊曰："是何人也？恶乎介[2]也？天与，其人与[3]？"

曰："天也，非人也。天之生是[4]使独也，人之貌有与也。以是知其天也，非人也。"

泽雉[5]十步一啄，百步一饮，不蕲畜乎樊中[6]。神虽王[7]，不善也。

老聃[8]死，秦失[9]吊之，三号[10]而出。

弟子曰："非夫子之友邪？"

曰："然。"

"然则吊焉若此，可乎？"

曰："然。始也吾以为至人[11]也，而今非也。向[12]吾入而吊焉，有老者哭之，如哭其子；少者哭之，如哭其母。彼其所以会之[13]，必有不蕲言而言，不蕲哭而哭者。是遁天倍情[14]，忘其所受[15]，古者谓之遁天之刑[16]。适来[17]，夫子[18]时也；适去，夫子顺也。安时而处顺，哀乐不能入也，古者谓是帝之县解[19]。"

指穷于为薪[20]，火传也，不知其尽也。

【注释】

（1）公文轩见右师：公文轩看见到右师。公文轩，相传为宋国人，复姓公文，名轩。右师，官名，古人常有借某人之官名称谓其人的习惯。

（2）介：独，只有一只脚。一说"介"当作"兀"，失去一足的意思。

（3）"天与，其人与"：天生就这样呢，还是人为造成的呢？

（4）是：此，指代形体上只有一只脚的情况。

（5）泽雉：草泽里的野鸡。雉（zhì），雉鸟，俗称野鸡。

（6）不蕲畜乎樊中：不祈求被畜养在笼子里。蕲（qí），祈，求，希望。

畜，养。樊，笼。

（7）王（wàng）：旺，古无"旺"字。

（8）老聃（dān）：相传即老子，楚人，姓李名耳，著《老子》后世称《道德经》。

（9）秦失（yì）：亦写作"秦佚"，老聃的朋友。

（10）号：这里指大声地哭。

（11）其人：指老聃。

（12）向：刚才。

（13）彼其所以会之：他们之所以会聚在这里。彼其，指哭泣者，即前四句中的"老者"和"少者"。会，聚，碰在一块儿。

（14）是遁天倍情：这是逃避自然违背本性。遁天，逃避于自然。遁，逃避、违反。倍，古时字义同"背"，背弃的意思。

（15）忘其所受：忘掉了受命于天的道理、法则。庄子认为人体禀承于自然，方才有生有死，如果好生恶死，这就忘掉了受命于天的道理。

（16）遁天之刑：逃避自然规律的法则。刑，法。

（17）适来：正该来时。适，偶然、适中、恰好。来，来到世上。

（18）夫子：指老聃。

（19）帝之县解：自然解脱。帝，天、万物的主宰。县（xuán），同"悬"。在庄子看来，忧乐不能入，死生不能系，做到"安时而处顺"，就自然地解除了困缚，犹如解脱了倒悬之苦。

（20）指穷于为薪：脂膏作为烛薪燃烧。指，此为"脂"。《集韵》或从月作脂。穷，尽。此喻人由生而死，亦不过一种变化，不必太过悲伤。

【今译】

公文轩看见右师惊奇地说："这是什么人？怎么只有一只脚呢？是天生就这样，还是人为地失去一只脚呢？"

公文轩（自然自语）说："天生就这样，不是人为才这样的。天生就只有一只脚，人的形貌是天赋予的。所以知晓是天生的，而不是人为的。"

沼泽边的野鸡走十步才能啄到一口食物，走上百步才能喝到一口水，可是它也并不祈求被畜养在笼子里。（养在笼子里）神态虽然旺盛，但它并不自在。

老聃死了，他的朋友秦失去吊丧，哭了三声就出去了。

老聃的弟子说："他不是你的朋友吗？"

秦失回说："是的。"

弟子们问说："那么这样吊唁，可以吗？"

秦失说："可以的。我开始认为（你们）像老聃一样的人了，现在看来并不是这样的。刚才我进入灵房去吊唁，有老年人在哭他，像做父母的哭自己的孩子；有年轻人在哭他，像做孩子的哭自己的父母。他们之所以会聚在这里，一定是（情感执着）不必哭诉而哭诉。这是逃避自然规律违背本性，忘掉了人是自然所禀赋的生命，古时候称这为逃避自然规律之法。正该来时，老聃应时而生；正该去时，老聃顺理而死。安心适时而顺应变化，哀乐的情绪便不能侵入心中，古时候把这叫做解除倒悬。"

脂膏在作为烛薪燃烧后就烧尽了，火种却传续下去，没有穷尽的时候。

【体悟】

本段有四个短小的寓言故事，即"右师独脚""野鸡觅食""老聃之死"和"烛薪燃烧"。看似四个故事互不沾边，而核心都讲一个问题——顺乎自然！

【本篇小结】

本篇题目"养生主"的含义，就是人们养生最主要的法则是"顺乎自然"。这里的"主"就是"主要"或"主旨"的意思。

全文可分成三部分。第一部分，养生要知晓主要的东西，不求名、要得法，和修炼"周天功（缘督以为经）"的益处。第二部分，讲述了"庖丁解牛"的寓言故事，用以说明修道要"顺乎自然"的道理。第三部分，通过四个短小的寓言故事——"右师独脚""野鸡觅食""老聃之死"和"烛薪燃烧"，核心还是讲一个道理——顺乎自然！

《庄子》篇篇不离"大道"，人进入了"大道"的境界，就能通达"万物一类"，就能参透"世界观""人生观""价值观"，就会处理解决好"人间世"。

【本篇原文】

（第一部分）

吾生也有涯，而知也无涯。以有涯随无涯，殆已；已而为知者，殆而已矣。为善无近名，为恶无近刑。缘督以为经，可以保身，可以全生，可以养亲，可以尽年。

（第二部分）

庖丁为文惠君解牛，手之所触，肩之所倚，足之所履，膝之所踦，砉然响然，奏刀騞然，莫不中音，合于《桑林》之舞，乃中《经首》之会。文惠君曰："嘻，善哉！技盖至此乎？"

庖丁释刀对曰："臣之所好者道也，进乎技矣。始臣之解牛之时，所见无非全牛者。三年之后，未尝见全牛也。方今之时，臣以神遇而不以目视，官知止而神欲行。依乎天理，批大郤，导大窾，因其固然。技经肯綮之未尝，而况大軱乎！良庖岁更刀，割也；族庖月更刀，折也。今臣之刀十九年矣，所解数千牛矣，而刀刃若新发于硎。彼节者有间，而刀刃者无厚。以无厚入有间，恢恢乎其于游刃必有余地矣，是以十九年而刀刃若新发于硎。虽然，每至于族，吾见其难为，怵然为戒，视为止，行为迟，动刀甚微，謋然已解，如土委地。提刀而立，为之四顾，为之踌躇满志，善刀而藏之。

文惠君曰："善哉！吾闻庖丁之言，得养生焉。"

（第三部分）

公文轩见右师而惊曰："是何人也？恶乎介也？天与，其人与？"

曰："天也，非人也。天之生是使独也，人之貌有与也。以是知其天也，非人也"。

泽雉十步一啄，百步一饮，不蕲畜乎樊中。神虽王，不善也。

老聃死，秦失吊之，三号而出。弟子曰："非夫子之友邪？"

曰："然"。

"然则吊焉若此可乎？"

曰："然。始也吾以为其人也，而今非也。向吾入而吊焉，有老者哭之，如哭其子；少者哭之，如哭其母。彼其所以会之，必有不蕲言而言，不蕲哭而哭者。是遁天倍情，忘其所受，古者谓之遁天之刑。适来，夫子时也；适去，夫子顺也。安时而处顺，哀乐不能入也，古者谓是帝之县解。"

指穷于为薪，火传也，不知其尽也。

人间世

【原文】

颜回见仲尼⁽¹⁾，请行。

曰："奚之？"

曰："将之卫。"

曰："奚为焉？"

曰："回闻卫君⁽²⁾，其年壮，其行独，轻用其国，而不见其过；轻用民死，死者以国量乎泽，若蕉⁽³⁾，民其无如⁽⁴⁾矣，回尝闻之夫子曰：'治国去之，乱国就之，医门多疾。'愿以所闻，思其所行⁽⁵⁾，则庶几其国有瘳⁽⁶⁾乎！"

仲尼曰："嘻！若殆往而刑耳⁽⁷⁾！夫道不欲杂，杂则多，多则扰，扰则忧，忧而不救。古之至人，先存诸己而后存诸人。所存于己者未定，何暇至于暴人⁽⁸⁾之所行！

"且若亦知夫德之所荡而知之所为出乎⁽⁹⁾哉？德荡乎名，知出乎争。名也者，相轧也；知也者，争之器也。二者凶器，非所以尽行也。

"且德厚信矼⁽¹⁰⁾，未达人气⁽¹¹⁾，名闻不争，未达人心。而强以仁义绳墨之言术暴人之前者⁽¹²⁾，是以人恶育其美⁽¹³⁾也，命之曰菑人⁽¹⁴⁾。菑人者，人必反菑之，若殆为人菑夫！且苟为悦贤而恶不肖⁽¹⁵⁾，恶用而⁽¹⁶⁾求有以异？若唯无诏⁽¹⁷⁾，王公必将乘人而斗其捷⁽¹⁸⁾。而目将荧⁽¹⁹⁾之，而色将平之⁽²⁰⁾，口将营之⁽²¹⁾，容将形之⁽²²⁾，心且成之⁽³³⁾。是以火救火，以水救水，名之曰益多。顺始无穷，若殆以不信厚言，必死于暴人之前矣！

"且昔者桀杀关龙逢⁽²⁴⁾，纣杀王子比干⁽²⁵⁾，是皆修其身以下伛拊人⁽²⁶⁾之民，以下拂其上⁽²⁷⁾者也，故其君因其修以挤之⁽²⁸⁾。是好名者也。昔者尧攻丛、枝、胥敖⁽²⁹⁾，禹攻有扈⁽³⁰⁾，国为虚厉⁽³¹⁾，身为刑戮，其用兵不止，其求实无已⁽³²⁾。是皆求名实者也。而独不闻之乎？名实者，圣人之所不能胜也，而况若乎！虽然，若必有以⁽³³⁾也，尝以语我来⁽³⁴⁾！"

【注释】

（1）颜回见仲尼：颜回拜见孔子。颜回，孔子的弟子，姓颜名回字子渊，鲁国人。仲尼，孔子，仲尼为字。孔子与颜回的这段谈话是虚构的。

（2）卫君：虚构人物。

（3）蕉：草芥。

（4）无如：没有归往的地方。如，往。

（5）愿以所闻，思其所行：希望根据先生所说去实行。以，用、根据。则，准则、办法。

（6）庶几其国有瘳乎：或许这个国家还可以免于疾苦吧。庶几，也许可以。瘳（chōu），病愈，这里指国家恢复了元气。

（7）若殆往而刑耳：你去了只怕遭到杀害啊。若，你。殆，恐怕、大概。刑，遭受刑戮。

（8）暴人：施政暴虐的人，这里指卫国国君。

（9）知夫德之所荡而知之所为出乎：知晓德何以丧失而智何以外露的原因吗。荡，丧失、毁坏。所为，讲作"……的原因"。

（10）信矼：信誉着实。矼（gāng），坚实、笃厚。

（11）未达人气：未达人心，意思是未能得到人们广泛的理解。

（12）绳墨之言术暴人之前者：用仁义规范的言辞在暴人的面前夸耀。绳墨，喻指规矩、规范。术，其繁体"術"，是"衒（xuàn）"字之误，其本义为"沿街叫卖"的意思，这里可以译为"夸耀"。

（13）是以人恶育其美也：这是以揭露人家的过恶来显扬自己的美德。

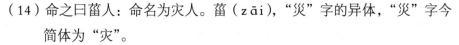

（14）命之曰菑人：命名为灾人。菑（zāi），"灾"字的异体，"灾"字今简体为"灾"。

（15）且苟为悦贤而恶不肖：如果说卫君喜爱贤才而厌恶不肖之徒。悦，喜好。不肖，不像，这里指不学好。

（16）恶用而：何用汝。而，亦同汝。

（17）若唯无诏：除非你不向他谏诤。若，汝。唯，只。诏，告、谏诤，这里指向卫君进言。

（18）王公必将乘人而斗其捷：卫君一定会抓住你说话的漏洞而展开他的辩才。王公，指卫君。乘人，就是抓住说话人说漏嘴的机会。乘，趁。捷，形容言语快捷善辩，不让人说话，使对方没有喘息思考的机会。

（19）荧（yíng）：眩。

（20）色将平之：面色将伴作平和。色，脸色。平，平和。

（21）口将营之：口里只顾得营救自己。营救，这里指用言语自我解脱。

（22）容将形之：面容显露出来。容，面容、态度。形，显露、表现。

（23）心且成之：内心无主也就依顺他的主张了。成之，以之为成，把对方的作为加以认可。

（24）桀杀关龙逢：夏桀杀害了关龙逢。桀，夏代最后一个国君，素以暴虐称著于史。关龙逢，夏桀时代的贤臣，因直言劝谏而被夏桀杀害。

（25）纣杀王子比干：商纣王杀害了叔叔比干。纣，商代最后一个国君，史传是一个暴君。比干，商纣王的庶出叔叔，因力谏而被纣王杀害。

（26）以下伛拊人：以在下的地位爱抚人君的民众。下，下位，居于臣下之位。伛拊（yǔ fǔ），怜爱抚育。人，人君的省称。

（27）以下拂其上：以在下的地位违逆了上位君主的心意。拂，违反。上，居于上位的人，这里指国君。

（28）修以挤之：修养而迫害他们。修，修养。挤，排斥。

（29）丛、枝、胥敖：帝尧时代的三个部落小国的国名。《齐物论》作宗、

人间世

075

脍、胥敖。

（30）有扈：古国名。中国秦代邑名，在今陕西省西安市鄠邑区北。

（31）国为虚厉：国土变成废墟，人民变成厉鬼。虚，通"墟"。厉，
厉鬼。

（32）求实无已：贪利不已。实，利、得。已，止。

（33）有以：有所依凭。

（34）尝以语我来：且说说给我听。以语我，把它告诉给我。来，句末语
气词，表示感叹。

【译文】

颜回拜见孔子，向他辞行。

孔子问："到哪里去？"

颜回说："打算去卫国。"

孔子问："去做什么？"

颜回说："我听说卫国的君主，年轻气盛，行为专断，处理国事轻
举妄动，而不知过错；轻率用兵不体恤人民的生命，死的人积满了山泽，
好像干枯的草芥一般，人民真是无所依归了。我曾听先生说过：'治理好
的国家可以离开，危乱的国家可以前往，就好像医生门前病人多一样'。
我希望根据先生所说去实行，或许这个国家还可以免于疾苦吧！"

孔子说："唉！你去了只怕遭到杀害啊！'道'是不宜暄杂的，暄杂
就多事，多则受到搅扰，搅扰就会引起忧患，忧患来到时自救也就来不
及了。古时候的'至人'，先学会充实自己然后才去帮扶他人。如果自己
都独立不稳，怎能去纠正暴人的行为呢？

"你知晓'德'之所以失真而'智'之所以外露的原因吗？'德'
的丧失是由于好名声，智的外露是由于好争胜。'名'是人们互相倾轧
的原因，'智'是人们互相争斗的工具；这二者都是凶器，不可以将它
推行于世。

"一个人虽然德性纯厚信誉著实，但还不能达到别人了解的程度，即

使不和别人争夺名誉，但别人并不明白。如果你强用仁义规范的言辞在暴人面前夸耀，他就会以为你有意揭露人家的恶来显扬自己的美德，来认为你是害人。害别人的人，人家一定会反过来害你，你恐怕要遭人伤害了！如果说卫君喜爱贤才而厌恶不肖之徒，哪里还用得着你去显异于人呢？除非你不向他谏诤，否则卫君一定会抓住你说话的漏洞而展开他的辩才。这时候你就会眼目眩惑，面色平和，说话自顾不暇，面容迁就，内心无主也就依顺他的主张了。这样做就像是用火去救火，用水去救水，这就叫帮凶。开始时依顺他，以后就永远没个完了，假如他不相信厚言谏诤，那就一定会死在暴人的面前了。

"从前，夏桀杀害了关龙逢，商纣王杀害了叔叔比干，都是因为他们修身蓄德以在下的地位爱抚人君的民众，以在下的地位违逆了上位君主的心意，所以君主是因为他们的修养而陷害他们。这就是好名声的结果。从前，尧征伐丛、枝和胥敖，夏禹攻打有扈，这些国家变成废墟，人民变成厉鬼，国君遭受杀戮，这就是因为他们不停用兵，贪利不已，这都是求名好利的结果，你没有听说过吗？名声和利益，就是圣人都不能克制，何况是你呢！

"虽然这样，你一定有你的想法，且说给我听听！"

【体悟】

"夫道不欲杂，杂则多，多则扰，扰则忧，忧而不救。古之至人，先存诸己而后存诸人。所存于己者未定，何暇至于暴人之所行"之义

这段话是讲"道"的，"夫道"中的"道"不是道理的"道"，而是《老子》《庄子》中核心讲的"道"。这里的"欲"是"爱"之义。如《孟子》："可欲之为善。""存"是"积聚、积存"之义。"诸"是"之于"（对于）之义。如《论语·卫灵公》："君子求诸己。""未定"是"未安"的意思。

这段话与之后提出的"心斋"存在必然的联系。这里也就明确了"道"与"德"的关系！

【原文】

颜回曰："端而虚⁽¹⁾，勉而一⁽²⁾，则可乎？"

曰："恶⁽³⁾！恶可！夫以阳为充孔扬⁽⁴⁾，采色不定⁽⁵⁾，常人之所不违，因案人之所感⁽⁶⁾，以求容与其心⁽⁷⁾。名之曰日渐之德⁽⁸⁾不成，而况大德乎！将执而不化，外合而内不訾⁽⁹⁾，其庸讵可乎！"

"然则我内直而外曲，成而上比⁽¹⁰⁾；内直者，与天为徒，与天为徒者，知天子之与己皆天之所子⁽¹¹⁾，而独以己言蕲乎而人善之，蕲乎而人不善之邪？若然者，人谓之童子，是之谓与天为徒。外曲者，与人为徒也。擎跽曲拳⁽¹²⁾，人臣之礼也，人皆为之，吾敢不为邪？为人之所为者，人亦无疵⁽¹³⁾焉，是之谓与人为徒。成而上比者，与古为徒。其言虽教，讁⁽¹⁴⁾之实也，古之有也，非吾有也。若然者，虽直而不病⁽¹⁵⁾，是之谓与古为徒。若是则可乎？"

仲尼曰："恶！恶可！大多政法而不谍⁽¹⁶⁾，虽固⁽¹⁷⁾亦无罪。虽然，止是耳矣⁽¹⁸⁾，夫胡⁽¹⁹⁾可以及化！犹师心者⁽²⁰⁾也。"

【注释】

（1）端而虚：外表端谨而内心虚豁。

（2）勉而一：勤勉行事而意志专一。

（3）"恶，恶可"：唉，不可以。恶（wū），叹词，驳斥之声；与下句"恶可"中疑问代词用法的"恶"不同。

（4）以阳为充孔扬：以骄气暴烈。阳，指刚猛之盛气。充，满，充斥于心。孔，甚、很。如《诗经·周南·汝坟》："虽则如毁，父母孔迩。"扬，甚为扬扬自得。

（5）采色不定：喜怒无常。采色，这里指面部表情。

（6）案人之所感：压抑别人的劝谏。案，压抑、压制。

（7）以求容与其心：以求自己内心的畅快。容与，放纵、自快之义。

（8）日渐之德：每天渐进用德来感化。渐，流入、沾湿、浸润、渐进。

（9）外合而内不訾：表面附和而内心并不采纳。外合，外面赞同。不訾，不愿对自己的言行作出反省。訾（zǐ），非议。

（10）成而上比：引用成说上比于古人。上，上世，指古代。"上比"意思是跟古代的作法相比较。

（11）天之所子：属于天生的。

（12）擎跽曲拳：手拿朝笏躬身下拜。擎，举，这里指手里拿着朝笏（hù，手板）。跽，长跪。曲拳，躬身屈体。

（13）疵（cī）：诽谤。

（14）谪（zhé）："谪"字的异体，谴责、责备。

（15）病：怨恨、祸害。

（16）大多政法而不谍：要去纠正人家的法子太多而并不妥当。大，太。政，通作"正"，端正、纠正的意思。谍，当。

（17）固：固陋，执着而不通达。

（18）止是耳矣：只不过如此而已。止是，只此。耳矣，罢了。

（19）胡：何、怎么。

（20）犹师心者：你太执着自己的成见了。师，以……为师。心，这里指内心的定见。

【译文】

颜回说："外貌端肃内心虚豁，勤勉行事而心志专一，这样可以吗？"

孔子说："唉，这怎么可以呢！卫君骄气暴烈，喜怒无常，平常人都不敢违背他，压抑别人对他的劝告，以求自己内心的畅快，这种人每天用小德慢慢感化他都不会有成效，而况用大德来规劝呢？他必定固守己见而不会改变，即使表面附和而内心也未必会做出反省，你用的方法怎么能行得通呢？"

颜回说："那么我'内心诚直而外表恭敬'，'引用成说上比于古人'。所谓'内心诚直'，既是和自然同类。跟自然同类的，便知晓卫君与自己，在本性上都属于天生的，这样我对自己所讲的话何必要求人家称赞为善，又何必管人家指责为不对呢？这样，人家都以我为赤子之心，这就叫做'和自然同类'了。所谓'外表恭敬'，是和一般人一样。手拿朝笏躬身下拜，这是人臣应尽的礼节，人家都这样去做，我敢不这样做吗？做大家所做的事，别人也不会责怪我，这就叫做'和人家同类'。所谓'引用成说上比于古人'，是和古时候同类。我所引用的成说虽然都是教训，但是这些诤言都是有根据的，是古时候就有的，并不是我自己造的，像这样做，言语虽然直率却也不会招来怨恨，这就叫做'和古时同类'。这样可以了吗？"

孔子说："唉，这怎么可以呢！要去纠正人家的法子太多而并不妥当。这些法子虽然固陋，倒也可以免罪。然而，只不过如此而已，又怎么能感化他呢！你太执着自己的成见了。"

【原文】

颜回曰："吾无以进矣，敢问其方。"

仲尼曰："斋⁽¹⁾，吾将语若！有心⁽²⁾而为之，其易邪？易之者，暤天不宜⁽³⁾。"

颜回曰："回之家贫，唯不饮酒不茹荤⁽⁴⁾者数月矣。如此，则可以为斋乎？"

曰："是祭祀之斋，非心斋⁽⁵⁾也。"

回曰："敢问心斋。"

仲尼曰："若一志⁽⁶⁾，无听之以耳而听之以心，无听之以心而听之以气⁽⁷⁾！耳止于听，心止于符⁽⁸⁾。气也者，虚⁽⁹⁾而待物者也。唯道集虚。虚者，心斋也。"

颜回曰："回之未始得使⁽¹⁰⁾，实有回⁽¹¹⁾也；得使之也，未始有回也；可谓虚乎？"

夫子曰："尽⁽¹²⁾矣。吾语若！若能入游其樊而无感其名⁽¹³⁾，入则鸣⁽¹⁴⁾，不入则止⁽¹⁵⁾。无门无毒⁽¹⁶⁾，一宅而寓于不得已⁽¹⁷⁾，则几矣⁽¹⁸⁾。"

绝迹易，无行地难⁽¹⁹⁾。为人使易以伪⁽²⁰⁾，为天使难以伪。闻以有翼飞者矣，未闻以无翼飞者也；闻以有知知者⁽²¹⁾矣，未闻以无知知者也。瞻彼阕者⁽²²⁾，虚室生白⁽²³⁾，吉祥止止⁽²⁴⁾。夫且不止，是之谓坐驰⁽²⁵⁾。夫徇耳目内通而外于心知⁽²⁶⁾，鬼神将来舍⁽²⁷⁾，而况人乎！是万物之化⁽²⁸⁾也，禹舜之所纽⁽²⁹⁾也，伏羲几蘧⁽³⁰⁾之所行终，而况散焉者⁽³¹⁾乎！"

【注释】

（1）斋：斋戒，指祭祀前的清心洁身，这里专指清心。

（2）有心：指怀有积极用世之心。

（3）皞天不宜：就是不合乎自然道理的意思。皞（gāo），通"高"，广大的意思。宜，当，合适。

（4）不茹荤：不吃荤食。茹，吃。荤，旧注指荤辛，即葱蒜之类的菜。

（5）心斋：内心的斋戒。

（6）若一志：你心志专一。意思是摒除杂念、心思专一。

（7）气：真气，也就是"道"。即后面说的"虚空心境以待之物"的"物"。

（8）符：交合。本义是指古代朝廷传达命令或调兵将用的凭证，双方各执一半，以验真假。

（9）虚：虚空的心境。

（10）得使：言得教诲。

（11）实自回也：实在的自我（颜回）。

（12）尽：详尽。指颜回的上述言论对于"心斋"的理解，说得十分深透。

（13）若能入游其樊而无感其名：如能悠游与藩篱之内而不为名位所动。樊，篱笆。

（14）入则鸣：进入这种境界，则产生元神与真气的共鸣。

（15）不入则止：没有进入这样的境界，则元神与真气共鸣就会停止。

（16）无门无毒：无门不通（关闭）。毒，"毒"字与"毐"（ǎi）构形相通，"毐"字本义是两性相通之义。"毒"字在《老子》中也有出现，同样有"相通、通达"之义。所以认为，"毒"字是先秦通用的楚语，在《老子》和《庄子》中，仍保留了它的原始含义。

（17）一宅而寓于不得已：心神居宅内不得已时而应之。"一"，心神专一。宅，这里用指心神之舍。"一宅"意思就是心神安于凝聚专一，全无杂念。

（18）则几矣：则就接近了。几，近。

（19）"绝迹易，无行地难"：断绝踪迹容易，地上行走不留下踪迹困难。行地，行于地上。《淮南子·人间训》："今人待冠而饰首，待履而行地。"

（20）为天使难以伪：顺其自然而驱使便难造伪。使，驱使。伪，假。

（21）有知知者：有知晓智慧元神的。前者的"知"为"智"，智慧、才能之意。后者的"知"，意即认识、了解。

（22）瞻彼阕者：观照那个空明的心境。瞻（zhān），观照。阕（què），虚空。

（23）虚室生白：处于虚空的心境就会生出真气。虚室，空灵的心境。白，指真阳之气，《道德经》中有"知其白，守其黑"句，其中"黑"指真阴之气。

（24）止止：前一个"止"字是动词，后面的"止"字是名词，喻凝静的心境。

（25）坐驰：形体坐在那里而心神却驰骋于他处。

（26）夫徇耳目内通而外于心知：倘若让耳目内通而外于心中生智。徇，使。内通，向内通达。外，这里是排除的意思。心知，心智。

（27）鬼神将来舍：鬼神将来心神之舍。是指人修道时，杂念将来到心神中。

（28）万物之化：万物都可以化育。

（29）纽：枢纽、关键。

（30）伏戏、几蘧（qú）：传说中的古代帝王。"伏戏"多写为"伏羲"。

（31）散焉者：指疏散的人，即普通、平常的人。

【译文】

　　颜回说："我没有更好的办法了，请问有什么办法？"

　　孔子说："你先斋戒，我再告诉你。你有了成心去做事，哪里有那么容易的呢？容易的话，就不合乎自然的道理了。"

　　颜回说："我家境贫穷，不饮酒、不吃荤食已经好几个月了，像这样，可以说是斋戒了吧？"

　　孔子说："这是祭祀的斋戒，并不是'心斋'。"

　　颜回说："请问什么是'心斋'？"

　　孔子说："你心志专一，不用耳去听而用心去听，不用心去体会而用气去感应！耳止于聆听，心止于与外界交合。真气就是心境虚空而等待之物。唯有'道'汇集于虚空的心神之下。心境的虚空就是'心斋'。"

　　颜回说："我在没有开始修炼你教给我'心斋'的方法时，感受一个实在的自我；当我修炼你教给我'心斋'的方法后，我就忘却自我了，这可以叫做'心境虚空'吗？'"

　　孔子说："所言极是。我说的就像这样！元神如能悠游其舍之内而未感其名，进入这种境界则产生心神与真气共鸣，没有进入这样的境界则共鸣就会停止。元神关闭在神舍里，心神寄居宅内不得已时而应之，则就接近'心斋'了。

　　断绝踪迹容易，地上行走不留下踪迹困难；为情欲所驱使容易造伪气，顺其自然而驱使便难造伪气。听说过凭借翅膀才能飞翔，不曾听说过没有翅膀也能飞翔；只听说有知晓智慧元神的，不曾听说过不知晓智慧元神的。观照那个空明的心境，虚空的心境就会生出白精（真阳之气），要适时而止。若不停止，这就叫'坐驰'（形坐神往）。倘若让耳目内通而外于心中生智，鬼神将来心舍，何况是人呢！这就是万物的化育（滋养），这就是圣明禹和舜所把握的要领，伏羲、几蘧的践行贯穿于终，何况普通的人呢！'"

【体悟】

（1）"心斋"之义

"心斋"一词首先是由庄子提出的。心境的虚空就是"心斋"，修行、修道、修真、静气功等都要求心境的虚空。庄子假借孔子之言，对"心斋"进行了详细的阐述。其实在老子《道德经》中对"修道"早有多处阐述，只不过是用不同的语言表述而已。《道德经》第三章："虚其心，实其腹，弱其志，强其骨……为无为，则无不治。

（2）"听止于耳，心止于符"之义

这句话的意思是：耳止于聆听，心止于与外界交合。《道德经》中对此早有所阐述，与此含义相同。第五十二章："塞其兑，闭其门，终身不勤。开其兑，济其事，终身不救。"这段话的意思是：塞住欲念的孔穴，闭起欲念的门径，终身都不会有烦扰之事。如果打开欲念的孔穴，就会增添纷杂的事件，终身都不可救治。

（3）"若能入游其樊而无感其名，入则鸣，不入则止。无门无毒，一宅而寓于不得已，则几矣"之义

这段话解译为：（元神）如能悠游其舍之内而未感其名，进入这种境界则产生神气共鸣，没有进入这样的境界则会停止。无门不通（各门关闭），心神寄居宅内不得已时而应之，这就接近'心斋'了。在《道德经》第五十一章："故道生之，德畜之。长之育之，亭之毒之，养之覆之。生而不有，为而不恃，长而不宰，是谓玄德"。其中"亭之毒之"与"无门无毒"意思是一样的。

（4）"为人使易以伪，为天使难以伪"之义

这句话的意思是：（修炼）为情欲所驱使容易造伪气，顺其自然而行使便难造伪气。人们在修炼时，如果不能顺其自然而人为驱使（导引），就会产生伪气而不是真气，人体就会出现"气窜"等偏差。《道德经》第十八章："大道废，有仁义；智慧出，有大伪。六亲不和，有孝慈"。这段话的意思是：（修炼）大道的法则废弃了，就会有了仁义（之心）；这

样（元神）智慧一出，就会产生伪气（非真气）。《老子》与《庄子》中多有提出，对元神要"愚笨"而不是要"智慧"，这是修道中非常重要的法则或经验。

（5）"瞻彼阕者，虚室生白，吉祥止止。夫且不止，是之谓坐驰"之义

这段话解译为：观照那个空明的心境，虚空的心境就会生出白精（真阳之气），要适时而止。若不停止，这就叫'坐驰'——形坐神往。

"观照"是指人们静坐修炼出来反映外在环境变化的物质现象，没有经过修炼的常人，是体会不到的。《道德经》第二十八章："知其白，守其黑，为天下式。"这句话的意思是：知其阳气（真阳之气），守其阴气（真阴之气），为修炼者人身丹田气。《道德经》第九章："持而盈之，不如其已；揣而锐之，不可长保……"这段话的意思是：持续（修炼）人身而盈满真气，不如停止修炼；（真气）锤炼而使其急速，这样不可长久保持。这里《道德经》中的"不如其已"与《庄子》"吉祥止止"是一个意思。

【原文】

叶公子高[1]将使于齐，问于仲尼曰："王使诸梁[2]也甚重，齐之待使者，盖将甚敬而不急。匹夫犹未可动，而况诸侯乎！吾甚慄之。子常语诸梁也曰：'凡事若小若大，寡不道以懽成[3]。事若不成，则必有人道之患[4]；事若成，则必有阴阳之患[5]。若成若不成而后无患者，唯有德者能之。'吾食也执粗而不臧[6]，爨[7]无欲清之人。今吾朝受命而夕饮冰，我其内热[8]与！吾未至乎事之情，而既有阴阳之患矣；事若不成，必有人道之患。是两也，为人臣者不足以任之，子其有以语我来！"

仲尼曰："天下有大戒[9]二：其一，命也；其一，义也。子之爱亲，命也，不可解于心；臣之事君，义也，无适而非君[10]也，无所逃于天地之间。是之谓大戒，是以夫事其亲者，不择地而安之，孝之至也；夫事其君者，不择事而安之，忠之盛也；自事其心[11]者，哀乐不易施[12]乎前，知其不可奈何而安之若命，德之至也。为人臣子者，固有所不得已。行事之情而忘其身，何暇至于悦生而恶死！夫子其行可矣。

085

“丘请复以所闻：凡交近则必相靡[13]以信，交远则必忠之以言[14]，言必或传之。夫传两喜两怒之言[15]，天下之难者也。夫两喜必多溢美之言，两怒必多溢恶之言。凡溢之类妄，妄则其信之也莫[16]，莫则传言者殃。故法言[17]曰：‘传其常情，无传其溢言，则几乎全’。

“且以巧斗力[18]者，始乎阳，常卒乎阴[19]，泰至则多奇巧[20]；以礼饮酒者，始乎治，常卒乎乱，泰至则多奇乐[21]。凡事亦然。始乎谅，常卒乎鄙；其作始也简，其将毕也必巨。

“言者，风波也；行者，实丧[22]也。夫风波易以动，实丧易以危。故忿设无由，巧言偏辞。兽死不择音，气息茀然[23]，于是并生厉心[24]。剋核太至[25]，则必有不肖[26]之心应之，而不知其然也。苟为不知其然也，孰知其所终！故法言曰：‘无迁令，无劝成，过度益也[27]。迁令劝成殆事[28]，美成在久，恶成不及改，可不慎与！

“且夫乘物以游心[29]，讬不得已以养中[30]，至矣。何作[31]为报也！莫若为致命[32]，此其难者。”

【注释】

(1) 叶公子高：楚庄王玄孙尹成子，名诸梁，字子高。为楚大夫，封于叶（旧注读为shè），自僭（jiàn）为“公”，故有“叶公子高”之称。

(2) 使诸梁：以诸梁为使。

(3) 寡不道以懽成：很少有不合乎“道”的好结果。寡，少。懽，“歡”字的异体，今简体“欢”。“欢成”，指圆满的结果。

(4) 人道之患：人为的祸患，指君主的惩罚。

(5) 阴阳之患：阴阳之气激荡而致失调患病。

(6) 执粗而不臧：坚持粗粮不求精细美的食物。执粗，坚持粗茶淡饭。臧（zāng），善、好。“不臧”指不精美的食品。

(7) 爨（cuàn）：烧火做饭。

(8) 内热：内心烦躁和焦虑。

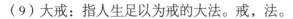

（9）大戒：指人生足以为戒的大法。戒，法。

（10）无适而非君：无论任何国家都不会没有国君的。适，往、到。

（11）自事其心：侍奉自己的心思，意思是注意培养自己的德性修养。

（12）施（yí）：移动、影响。如《诗·周南》："葛之覃兮，施于中谷。"

（13）靡：通做的"縻（mí）"，维系。

（14）忠之以言：用忠实的语言相交。

（15）两喜两怒之言：两国国君或喜或怒的言辞。

（16）信之也莫：真实程度值得怀疑。莫，薄。

（17）法言：格言。

（18）斗力：相互较力，犹言相互争斗。

（19）"始乎阳，常卒乎阴"：始于明斗，而常于阴谋。卒，终。

（20）泰至则多奇巧：太过分时就诡计百出了。泰至，大至、达到极点。
　　　奇巧，指玩弄阴谋。

（21）奇乐：放纵无度。

（22）实丧：得失。

（23）茀然：气息急促的样子。茀（bó），通作"勃"。

（24）心厉：指伤害人的恶念。厉，狠虐。

（25）剋核太至：逼迫太甚。剋核，苛责。剋，"克"字的异体。

（26）不肖：不善、不正。

（27）无迁令，无劝成，过度益也：不要随意改变所受的使命，不要强求
　　　事情的成功，过度就是'溢满'了。迁，改变。劝成，勉强让人去
　　　做成某一件事。劝，勉力。成，指办成功什么事。益，添加。

（28）殆事：坏事。殆，危险。

（29）乘物以游心：心神任随外物的变化而遨游。游心，留心，即心神倾
　　　注在某一方。

（30）讬不得已以养中：保养心性。

（31）何作：何必作（着）意。

（32）为致命：传达言辞、使命、君令。

【译文】

叶公子高将要出使齐国，问孔子说："楚王教给我的使命很重大，齐国对待外来使节，总是表面恭敬而实际怠慢。一个普通老百姓尚且不易说服，何况是诸侯呢！我很害怕。先生曾经对我说：'凡事无论大小，很少有不合乎道的好结果。事情若是办不成功，就必定会受到惩罚；事情如果办成功了，就必定会受阴阳之气激荡之致失调患病。无论成功还是不成功而不会遭到祸患的，只有德高的人才能做到。'我平时吃的都是粗粮不求精细的食物，家中没有求清凉的人。我今天早上接受诏命到了晚上就得饮用冰水，是因为我内心焦躁担忧吧！我还没有了解事实的真相，就已经被阴阳之气激荡而致患病；事情如果再办不成功，那必定会受到君主的惩罚。这两种灾患降临在身，做臣子实在承担不起，先生有何教导我吗？"

孔子说："世间有两个足以为戒的大法：一是'命'，一个是'义'。子女爱父母，这是人的天性，无法解释的；臣子侍奉君主，这是义是不得不应该的，无论任何国家都不会没有君主的，这是无法逃避得了的。这就是所谓足以为戒的大法。所以子女赡养父母，无论什么样的境遇都要使父母安适，这是行孝的极点了；臣子侍奉国君，无论任何事情都要安然处之，这是尽忠的极点了。注重自我德性修养的人，不受悲哀和欢乐情绪的影响，知晓事情的艰难无可奈何却能安心去做，这就是德性的极点了。做臣子的，当然有不得已的事情，但是遇事能如实去做而忘掉自己，这样那还会有贪生怕死的念头吗？你这样去做就行了！"

"我还是把我所听到的再告诉你：大凡国与国相交，邻近的国家就以诚信来往，远方国家的交往就用忠实的语言维系，用语言建立邦交就要靠使臣去传递。传递两国国君喜怒的言辞，是天下最困难的事。两国国君喜悦的言辞必定添加了许多好话，两国国君愤怒的言辞必定过度的添加许多坏话。凡是过度添加的话语都是失真的，失真就双方都不相信，不相信则传话的使臣就要遭殃了。所以古语说：'要传达真实的言辞，不要传达过分的言辞，这样就可以保全自己。'"

"那些以技巧角力的人，开始的时候明来明去，到最后往往使出阴谋，太过分时就诡计百出了；按照礼节饮酒的人，开始的时候规规矩矩，到最后往往就迷乱昏醉，太过分时就放荡狂乐了。任何事情都是这样。开始的时候彼此见谅，到最后就往往互相欺诈了。许多事情开始的时候很单纯，到后来就变得纷繁了。"

"言语就像风波；传达言语，有得有失。风吹容易兴作，得失之间容易出现危难。所以愤怒的发作没有别的什么缘由，就是因为花言巧语偏词失当。困兽临死的时候就会尖声乱叫，气息急促，于是迸发咬人的恶念。凡事逼迫太过分时，别人就会产生恶念来报复他，而他自己还不知晓为什么缘故。如果自己都还不知晓是怎么回事，谁能知晓他会有怎样的结果呢！所以古语说：'不要随意改变所受的使命，不要强求事情的成功，过度就是'溢满'了。'改变成命强求事成都会败事，成就一桩好事要经历很长的时间，做成一件坏事就后悔不及了。这可以不审慎吗？"

"心神任随外物的变化而悠游自得，寄托于不得已而保养自己的心性，这是最好的办法了！何必着意去担心国君的回报，这样会很困难吗？"

089

【体悟】

"且夫乘物以游心，托不得已以养中"之义

《逍遥游》："若夫乘天地之正，而御六气之辩，以游无穷者。"此句式相同。这里的"乘（chéng）"字的本义是登上去，"乘"在此为"顺应"的意思。

【原文】

颜阖[1]将傅卫灵公大子，而问于蘧伯玉[2]曰："有人于此，其德天杀[3]。与之为无方[4]，则危吾国；与之为有方，则危吾身。其知[5]适足以知人之过，而不知其所以过。若然者，吾奈之何？"

蘧伯玉曰："善哉问乎！戒之，慎之，正汝身也哉！形莫若就⁽⁶⁾，心莫若和⁽⁷⁾。虽然，之二者有患。就不欲入⁽⁸⁾，和不欲出⁽⁹⁾。形就而入⁽¹⁰⁾，且为颠为灭⁽¹¹⁾，为崩为蹶⁽¹²⁾。心和而出，且为声为名，为妖为孽⁽¹³⁾。彼且为婴儿，亦与之为婴儿；彼且为无町畦⁽¹⁴⁾，亦与之为无町畦；彼且为无崖⁽¹⁵⁾，亦与之为无崖。达之，入于无疵⁽¹⁶⁾。

"汝不知夫螳螂乎？怒其臂以当车辙⁽¹⁷⁾，不知其不胜任也，是其才之美⁽¹⁸⁾者也。戒之，慎之！积伐而美者以犯之⁽¹⁹⁾，几⁽²⁰⁾矣。

"汝不知夫养虎者乎？不敢以生物与之，为其杀之之怒也⁽²¹⁾；不敢以全物与之，为其决之⁽²²⁾之怒也；时其饥饱，达其怒心。虎之与人异类而媚养己者⁽²³⁾，顺也；故其杀之者，逆⁽²⁴⁾也。

"夫爱马者，以筐盛矢⁽²⁵⁾，以蜄盛溺⁽²⁶⁾。适有蚊虻仆缘⁽²⁷⁾，而拊⁽²⁸⁾之不时，则缺衔毁首碎胸⁽²⁹⁾。意有所至而爱有所亡，可不慎邪！"

【注释】

（1）颜阖：姓颜名阖，鲁国的贤人。

（2）蘧（qú）伯玉：名瑗，字伯玉，卫国的贤大夫。

（3）天杀：生就的凶残嗜杀。

（4）与之为无方：如果用法度来规谏他。与之，朝夕与共的意思。方，法度、规范。

（5）其知（zhì）：他们的智慧。

（6）形莫若就：外貌不如表现亲近之态。

（7）心莫若和：内心不如存着慢慢诱导。

（8）就不欲入：亲附他不要太过度。入，关系太深。

（9）和不欲出：诱导之意不要太显露。出，超出、过于显露。

（10）形就而入：外表亲附太深。

（11）为颠为灭：会招致颠仆毁灭。颠，仆倒、坠落。

（12）为崩为蹶：崩，毁坏。蹶，失败，挫折。

（13）孽（niè）：灾害。

（14）町畦（tǐng qí）：田间的界路，喻指分界、界线。

（15）无崖：喻指无边、没有约束。

（16）疵：病，这里指行动上的过失。

（17）怒其臂以当车辙：奋起它的臂膀去阻挡滚动的车轮。怒，奋起。当，阻挡，后代写作"擋"，简化为"挡"。车辙，此指车轮。辙，车轮行过的印记。

（18）是其才之美：自恃才能太高。

（19）积伐而美者以犯之：你要总是夸耀自己的长处去触犯了他。积，长期不断地。伐，夸耀。而，你。

（20）几：危险。如《墨子》："本不固者末必几。"《说文解字》："微也、殆也。"。

（21）为其杀之之怒也：担心它扑杀活物会激起它凶残的天性。

（22）决：裂、撕开。

（23）异类而媚养己者：虽是异类却驯服于饲养它的人。异类，不同类。媚，喜爱。

（24）逆：反、触犯。

（25）矢：同"屎"、粪便。

（26）以蜃盛溺：用珍贵的盛水器去接马尿。蜃（shèn），大蛤，这里指蛤壳。溺，尿。

（27）蚉蝱仆缘：蚊虻叮在马身上。蚉蝱，蚊、虻两字之异体。仆缘，附着，指叮在马身上。

（28）拊（fǔ）：拍击。

（29）缺衔毁首碎胸：马就会受咬断口勒，毁坏胸上的络辔。缺衔，指咬断了勒口。衔，马勒口。毁首，指挣断了辔头。首，辔头。辔（pèi），驾驭牲口用的嚼子和缰绳。碎胸，指弄坏了络饰。胸，胸饰，

（31）意有所至而爱有所亡：意有所至，是说本意在于爱马。爱有所亡，是说失其所爱。亡，失。

091

【译文】

颜阖将被请去做卫国太子的师傅，他去请教蘧伯玉说："现在有这样一个人，他天生凶残，如果放纵他，就会危害我们的国家；如果用法度来规谏他，就会危害自身。他的聪明足以了解别人的过失，但却不了解自己为什么会犯过错。遇到这样的情况，我怎么办呢？"

蘧伯玉说："问得好啊！要小心谨慎，首先要立得稳。表面上不如顺从依就以示亲近，内心里顺其秉性暗暗诱导。即使这样，这两种仍有隐患。亲附他不要太过分，诱导他不要太显露。外表亲附太深，会招致颠仆毁灭；内心诱导太显露，他以为你是为了名声，就会招致灾祸。他如果像个婴孩儿那样灿烂，你也姑且跟他像婴孩儿那样灿烂；他如果没有界限，那你姑且随着他那样不分界限；他如果无拘束，那么你也姑且跟他一样无拘束。慢慢地引导他，入于无过失的正途上。

"你不知晓那螳螂吗？奋力举起臂膀去阻挡车轮，不知晓自己的力量不能胜任，这就是把自己的才能看得太高的缘故。要小心，谨慎啊！你要总是夸耀自己的长处去触犯他，就危险了！

"你不晓得那养虎的人吗？他从不敢拿活物去喂养老虎，担心它扑杀活物会激起它凶残的天性；不敢拿完整的食物去喂养老虎，担心它撕裂食物也会诱发老虎凶残的天性。知晓老虎饥饱的时刻，顺着老虎喜怒的性情。老虎与人虽是异类却驯服于饲养它的人，原因就是养老虎的人能顺应老虎的性子，至于它要伤害人，是因为触犯了老虎的性子。

"喜欢马的人，用别致的竹筐去接马粪，用珍贵的盛水器去接马尿。刚巧有蚊虻叮在马身上，喜欢马的人出于爱惜随手拍击蚊虻，马就会受惊咬断口勒，毁坏头上胸上的络辔。本意出于喜爱而结果适得其反，这可以不谨慎吗？"

【原文】

　　匠石之齐，至于曲辕，见栎社树⁽¹⁾。其大蔽数千牛，絜之百围⁽²⁾，其高临山⁽³⁾，十仞⁽⁴⁾而后有枝，其可以为舟者旁⁽⁵⁾十数。观者如市，匠伯⁽⁶⁾不顾，遂行不辍⁽⁷⁾。弟子厌观⁽⁸⁾之，走及⁽⁹⁾匠石，曰："自吾执斧斤⁽¹⁰⁾以随夫子，未尝见材如此其美也。先生不肯视，行不辍，何邪？"

　　曰："已矣⁽¹¹⁾，勿言之矣！散木⁽¹²⁾也，以为舟则沈⁽¹³⁾，以为棺椁⁽¹⁴⁾则速腐，以为器则速毁，以为门户则液樠⁽¹⁵⁾，以为柱则蠹⁽¹⁶⁾。是不材之木也，无所可用，故能若是之寿。"

　　匠石归，栎社见梦曰："女将恶乎比予哉？若将比予于文木⁽¹⁷⁾邪？夫柤梨⁽¹⁸⁾橘柚，果蓏⁽¹⁹⁾之属，实熟则剥⁽²⁰⁾，剥则辱⁽²¹⁾；大枝折，小枝泄⁽²²⁾。此以其能苦其生者也，故不终其天年而中道夭，自掊⁽²³⁾击于世俗者也。物莫不若是。且予求无所可用久矣，几死，乃今得之，为予大用⁽²⁴⁾。使予也而有用，且得有此大也邪？且也若与予也皆物也，奈何哉其相物⁽²⁵⁾也？而几死之散人⁽²⁶⁾，又恶知散木！"

　　匠石觉而诊⁽²⁷⁾其梦。弟子曰："趣取⁽²⁸⁾无用，则为社何⁽²⁹⁾邪？"

　　曰："密⁽³⁰⁾！若无言！彼亦直⁽³¹⁾寄焉，以为不知己者诟厉⁽³²⁾也。不为社者，且几有翦⁽³³⁾乎！且也彼其所保与众异，而以义喻⁽³⁴⁾之，不亦远乎！"

【注释】

（1）栎社树：把栎树当作社神。栎（lì），树名。社，土神。

（2）絜之百围：量一量树干足有百尺粗。絜（xié），用绳子计量周围。围，周长一尺，或说周长一围。

（3）临山：接近山巅。

（4）仞：八尺为一仞。

（5）旁：旁枝。

（6）匠伯：即匠石。伯，这里用指工匠之长。

（7）辍（chuò）：中止、停。

（8）厌观：意思是看了个够。厌（厭），满足。

（9）走及：跑着赶上。走，跑。及，赶上。

（10）斤：斧之一种，后称"锛"，即横口斧。

（11）已矣：算了。已，止。

（12）散木：指不成材的树木。

（13）以为舟则沈：用它做成船定会沉没。以为，即"以之为"，把它做
　　　成。沈（chén），同"沉"。

（14）椁（guǒ）："椁"字的异体，指棺外的套棺。

（15）门户则液樠：用它做成屋门定会流脂而不合缝。户，单扇的门。液
　　　樠，像松木心那样液出树脂。液，浸渍。樠（mán），松木心。

（16）蠹（dù）：蛀蚀。

（17）文木：可用之木。

（18）柤（zhā）：楂。

（19）果蓏（luǒ）：瓜果类植物的果实。

（20）实熟则剥：果实成熟就会被打落在地。实，果实。剥（bō），脱落。

（21）辱：这里指"扭折"之义。

（22）泄（yè）：通作"抴"。"抴"亦写作"拽"，用力拉的意思。

（23）掊（pǒu）：打。

（24）为予大用：这正是我的最大的用处。古代"予"称自己。

（25）奈何哉其相物：为什么要拿我去类比文木呢？相，看待。

（26）散人：不成才的人。

（27）诊：通作"畛"（zhěn），告诉的意思。

（28）趣取：意在求取。趣，意趣。

（29）为社何：意思是为什么做社树而让世人供奉。

（30）密：默，犹言"闭嘴"之义。

（31）直：通作"特"，仅、只的意思。

（32）诟厉：辱骂、伤害。

（33）翦（jiǎn）：斩伐。

（34）义喻：用常理来了解它。义，常理。喻，了解。

【译文】

有个名叫石的木匠去往齐国，到了曲辕这个地方，看见有一棵为社神的栎树。这棵树的树冠大到可以遮蔽数千头牛，量一量树干足有百尺粗，树梢高临山巅，离地面好几仞处方才分枝，可以造船的旁枝就有十几枝。观赏的人群像赶集一样，而这位匠人连瞧也不瞧一眼，不停步地往前走。

他的徒弟站在树旁看了个够，跑着赶上了匠人石，问说："自从我拿起斧头跟随先生，从未见过这样大的树木。先生却不肯看一眼，不住脚地往前走，为什么呢？"

匠人石回答说："算了吧，不要再说它了！那是没有用的散木，用它做成船定会沉没，用它做成棺椁定会很快腐烂，用它做成器具定会很快毁坏，用它做成屋门定会流脂而不合缝，用它做成屋柱定会被虫蛀蚀，这是不能取材的树，没有一点儿用处，所以它才能有这么长的寿命。"

匠人石回到家，夜里梦见栎社树对他说："你要用什么东西跟我相比呢？把我与有用之木相比吗？那楂、梨、橘、柚都属于果树，果实成熟就会被打落在地，打落果子以后枝干也就会遭受摧残，大的枝干被折断，小的枝丫被拽下来。这都是由于它们能结出鲜美果实才害苦了自己的一生，所以常常不能终享天年而中途夭折，这都是自己显露有用招来世俗的打击。一切东西没有不是这样的。我寻求做到无所可用的地步，已经很久了，几乎被砍死，到现在我才保全了自己，这正是我最大的用处。假如我果真有用，我还能长得这么大吗？况且你和我都是物，为什么还拿我去类比可用之木呢？你是将要死的散人，又怎么知晓散木呢？"

匠人石醒来后把梦中的情况告诉给他的弟子。弟子说："它意在于求取无用，为什么要做社树呢？"

匠人石说："停！别说了！栎树也不过是寄托于社，使那些不了解它的人诋毁非议它。假使它还不做社树，岂不就遭到砍伐吗，况且它用来保全自己的办法与众不同，你只用常理来了解它，不是相差太远了吗？"

【原文】

南伯子綦游乎商之丘⁽¹⁾，见大木焉，有异，结驷⁽²⁾千乘，将隐芘其所藾⁽³⁾。子綦曰："此何木也哉？此必有异材夫？"仰而视其细枝，则拳曲⁽⁴⁾而不可以为栋梁；俯而视其大根，则轴解⁽⁵⁾而不可以为棺椁；咶⁽⁶⁾其叶，则口烂而为伤；嗅之，则使人狂酲⁽⁷⁾，三日而不已。

子綦曰："此果不材之木也，以至于此其大也。嗟乎神人，以此不材！

"宋有荆氏⁽⁸⁾者，宜楸柏桑。其拱把⁽⁹⁾而上者，求狙猴之杙者斩之⁽¹⁰⁾；三围四围，求高名之丽⁽¹¹⁾者斩之；七围八围，贵人富商之家求禅傍⁽¹²⁾者斩之。故未终其天年，而中道之夭于斧斤，此材之患也。故解之以牛之白颡者与豚之亢鼻者⁽¹³⁾，与人有痔病者不可以适河⁽¹⁴⁾。此皆巫祝⁽¹⁵⁾以知之矣，所以为不祥也。此乃神人之所以为大祥也。"

【注释】

（1）南伯子綦游乎商之丘：南伯子綦到商丘去游玩。南伯子綦，人名，庄子寓言中人物。商之丘，即商丘，在今河南省，地名。

（2）驷（sì）：一辆车套上四匹马。

（3）将隐芘其所藾：荫蔽在大树树荫下歇息。芘（pí），通作"庇"，荫庇的意思。藾（lài），荫蔽。

（4）拳曲：弯弯曲曲的样子。

（5）轴解：意思是从木心向外裂开。轴，指木心。解，裂开。

（6）咶（shì）：通作"舐"，用舌添。

（7）酲（chéng）：酒醉。

（8）荆氏：地名，在宋国境内。

（9）拱把：一握两握粗。拱，两手相合。把，一手所握。

（10）杙者斩之：用小木桩的人就把树木砍去。杙（yì），小木桩，用来系牲畜的。斩，指砍伐。

（11）高明之丽：地位高贵名声显赫的人家。高名，指地位高贵名声显赫的人家。丽，通欐，栋，即屋之中梁。

（12）椫（shàn）傍：指由独幅做成的棺木左右扇。

（13）解之以牛之白颡者与豚之亢鼻者：祈祷神灵以消灾，凡是白色额头的牛、高鼻折额的猪。解之，指祈祷神灵以消灾。颡（sǎng），额。亢鼻，指鼻孔上仰。古人以高鼻折额、毛色不纯的牲畜和痔漏的人为不洁净，因而不用于祭祀。亢，高。

（14）适河：把童男童女沉入河中祭神。

（15）巫祝：巫师。

【译文】

　　南伯子綦到商丘去游玩，看到一棵出奇的大树，可供千乘的车马，荫蔽在大树树荫下歇息。子綦说："这是什么树木啊！这树一定有奇特的材质。"仰起头来观看大树的树枝，只见弯弯曲曲不能做栋梁；低下头看看大树的主干，树心直到表皮旋着裂口不能用来做棺椁；舔舔它的叶子，口舌就会溃烂受伤；用鼻闻一闻它的气味，就会使人像喝多了酒，三天三夜还醒不过来。

　　子綦说："这果真是无用的树木，所以能长到这么高大。唉！'神人'也是这样显示自己的不材呀！

　　"宋国有个叫荆氏的地方，适宜种植楸树、柏树、桑树。一握两握粗的，想用做系猴子木桩的人就把它砍了去；树干长到三、四围粗，地位高贵名声显赫的人家寻求建屋的大梁便把树木砍去；树干长到七、八围粗，达官贵人富家商贾寻找整幅的棺木又把树木砍去。所以它们始终不能终享天年，而是中途就被刀斧砍伐而短命，这就是有用之材带来的祸患。所以古人祈祷神灵消除灾害，凡是白色额头的牛、高鼻折额的猪，

以及患有痔漏疾病的人，都不可以用来祭祀河神。这是巫祝都知晓的，认为那是不吉祥的。然而这正是神人以为最吉祥的。

【原文】

　　支离疏者(1)，颐隐于脐(2)，肩高于顶，会撮(3)指天，五管(4)在上，两髀为胁(5)。挫鍼治繲(6)，足以餬口(7)；鼓筴播精(8)，足以食十人。上(9)征武士，则支离攘臂(10)而游于其间；上有大役，则支离以有常疾不受功(11)；上与病者粟，则受三钟(12)与十束薪。夫支离其形者，犹足以养其身，终其天年，又况支离其德(13)者乎！

【注释】

（1）支离疏者：离奇不正的人。"支离"，分散、离奇不正或残弱不堪的样子。疏，疏远。

（2）颐隐于脐：脸部隐藏在肚脐下。颐，颊、腮、下巴。脐，肚脐。

（3）会撮：发髻。

（4）五管：五脏腧穴。

（5）两髀为胁：两条大腿和胸旁肋骨相并。髀（bì），股骨，这里指大腿。胁（xié），腋下肋骨所在的部位。

（6）挫鍼治繲：替人家缝衣洗服。挫鍼，即缝衣。鍼（zhēn），"针"字的异体。繲（xiè），洗衣。

（7）足以餬口：足够糊口度日。餬，同"糊"。

（8）鼓筴播精：用簸箕替人家筛米去糠。鼓，簸动。筴，小簸箕。播，扬去灰土与糠屑。

（9）上：指国君、统治者。

（10）攘臂：指捋起衣袖伸长手臂。攘（rǎng）：捋。"攘臂"指捋起衣袖伸长手臂。

（11）以有常疾不受功：因有残疾而免除劳役以，因。常疾，残疾。功，通作"工"，指劳役之事。

（12）钟：古代粮食计量单位，合六斛四斗，一斛等于十斗。

（13）支离其德：离奇不正之德。

【译文】

　　有形体支离不全的人，脸部隐藏在肚脐下，肩膀高于头顶，颈后的发髻朝天，五脏腧穴向上（也就是背朝上），两条大腿和胸旁肋骨相并。替人家缝衣洗服，足够糊口度日；替人家筛糠簸米，足可养活十口人。国君征兵时，形体支离不全的人捋袖扬臂在征兵人面前走来走去；国君有大的差役时，形体支离不全的人因身有残疾而免除劳役；国君向残疾人赈济米粟，形体支离不全的人还可以领得三钟米十捆柴草。形体支离不全的人，还能够养身，终享天年，又何况那些忘德的人呢！

【原文】

　　孔子适楚，楚狂接舆（1）游其门曰：

　　"凤（2）兮凤兮，何如（3）德之衰也！

　　来世不可待，往世不可追也。

　　天下有道（4），圣人成（5）焉；

　　天下无道，圣人生焉。

　　方今之时，仅免刑焉。

　　福轻乎羽，莫之知载（6）；

　　祸重乎地，莫之知避。

　　已乎（7）已乎，临人以德！

　　殆乎殆乎，画地（8）而趋！

　　迷阳（9）迷阳，无伤吾行！

　　郤曲郤曲（10），无伤吾足。"

【注释】

（1）楚狂接舆：楚国的隐士，相传姓陆名通，接舆为字。

（2）凤：凤鸟，这里用来比喻孔子。

（3）何如：如何、怎么。

（4）有道：指顺应规律使社会得到治理。下句的"无道"则与此相反。

（5）成：成就事业。

（6）莫之知载：不知晓怎么摘取。莫，不。载，取。

（7）已乎：算了。

（8）画地：在地面上画出道路来，喻指人为的规范让人们去遵循。

（9）迷阳：指荆棘。

（10）郤（xì）曲：屈曲，指道路曲折难行。

【译文】

孔子去到楚国，楚国狂人接舆走过孔子门前唱着：

"凤鸟啊，凤鸟啊！你德行为什么衰败！

来世不可期待，往世无法追回。

天下有道，圣人便成就了事业；

天下无道，圣人只能保全生命。

当今这个时代，只求避免遭受刑害。

幸福比羽毛还轻，而不知晓怎么摘取；

灾祸比大地还重，而不知晓怎么回避。

算了吧！算了吧！不要在人前炫耀你的德行！

危险啊！危险啊！固守一条道路让人们去遵循！

荆棘啊！荆棘啊！不要妨碍我行走！

转个弯儿走，转个弯儿走，不要刺伤自己的脚啊！"

【原文】

　　山木自寇⁽¹⁾也，膏火自煎⁽²⁾也。桂⁽³⁾可食，故伐之；漆可用，故割之。人皆知有用之用，而莫知无用之用也。

【注释】

（1）自寇：意思是自取砍伐。

（2）膏火自煎：油脂燃起烛火皆因可以燃烧照明而自取熔煎。膏，油脂。自煎，意思是自取熔煎。

（3）桂：树名，其皮可作香料。

【译文】

　　山上的树木皆因材质可用而自身招致砍伐，油脂燃起烛火皆因可以燃烧照明而自取熔煎。桂树皮芳香可以食用，因而遭到砍伐，树漆因为可以派上用场，所以遭受刀斧割裂。世人都知晓有用的用处，而不懂得无用的用处。

101

【本篇小结】

　　题目《人间世》的含义。"人间世"的意思是：人间的处世之道。包括处人与自处的人生态度。庄子提出处世的观点为：学习"心斋"，忘记名声；忘记自身，不要回报；小心谨慎。

　　全文可分七部分，前三部分假托三个故事：孔子在颜回打算出仕卫国时对他的谈话；叶公子高将出使齐国时向孔子的求教；颜阖被请去做卫太子师傅时向蘧伯玉的讨教。第四部分用树木不成材却终享天年，揭示出"无用"之为"有用"；第五部分形体不全的人对当政者无用，所以避除了许多灾祸；第六部分孔子去到楚国，楚国狂人接舆走过孔子门前唱词，讽刺了当世德行的衰败，提出不要固守一条道路，而要转个弯儿走；第七部分借各种有用的树木，提出："人皆知有用之用，而莫知无用之用也。"

【本篇原文】

（第一部分）

颜回见仲尼，请行。

曰："奚之?"

曰："将之卫。"

曰："奚为焉?"

曰："回闻卫君，其年壮，其行独，轻用其国，而不见其过；轻用民死，死者以国量乎泽，若蕉，民其无如矣，回尝闻之夫子曰：'治国去之，乱国就之，医门多疾。'愿以所闻思，思其所行，则庶几其国有瘳乎！"

仲尼曰："嘻！若殆往而刑耳！夫道不欲杂，杂则多，多则扰，扰则忧，忧而不救。古之至人，先存诸己而后存诸人。所存于己者未定，何暇至于暴人之所行！

"且若亦知夫德之所荡而知之所为出乎哉？德荡乎名，知出乎争。名也者，相轧也；知也者，争之器也。二者凶器，非所以尽行也。

"且德厚信矼，未达人气，名闻不争，未达人心。而强以仁义绳墨之言术暴人之前者，是以人恶育其美也，命之曰菑人。菑人者，人必反菑之，若殆为人菑夫！且苟为悦贤而恶不肖，恶用而求有以异？若唯无诏，王公必将乘人而斗其捷。而目将荧之，而色将平之，口将营之，容将形之，心且成之。是以火救火，以水救水，名之曰益多。顺始无穷，若殆以不信厚言，必死于暴人之前矣！

"且昔者桀杀关龙逢，纣杀王子比干，是皆修其身以下伛拊人之民，以下拂其上者也，故其君因其修以挤之。是好名者也。昔者尧攻丛、枝、胥敖，禹攻有扈，国为虚厉，身为刑戮，其用兵不止，其求实无已。是皆求名实者也。而独不闻之乎？名实者，圣人之所不能胜也，而况若乎！虽然，若必有以也，尝以语我来！"

颜回曰："端而虚，勉而一。则可乎？"

曰："恶！恶可！夫以阳为充孔扬，采色不定，常人之所不违，因案人之所感，以求容与其心。名之曰日渐之德不成，而况大德乎！将执而不化，外合而内不訾，其庸讵可乎！"

"然则我内直而外曲，成而上比；内直者，与天为徒，与天为徒者，知天子之与己皆天之所子，而独以己言蕲乎而人善之，蕲乎而人不善之邪？若然者，人谓之童子，是之谓与天为徒。外曲者，与人之为徒也。擎跽曲拳，人臣之礼也，人皆为之，吾敢不为邪？为人之所为者，人亦无疵焉，是之谓与人为徒。成而上比者，与古为徒。其言虽教，謫之实也，古之有也，非吾有也。若然者，虽直而不病，是之谓与古为徒。若是则可乎？"

仲尼曰："恶！恶可！大多政法而不谍，虽固亦无罪。虽然，止是耳矣，夫胡可以及化！犹师心者也。"

颜回曰："吾无以进矣，敢问其方。"

仲尼曰："斋，吾将语若！有心而为之，其易邪？易之者，暤天不宜。"

颜回曰："回之家贫，唯不饮酒不茹荤者数月矣。如此，则可以为斋乎？"

曰："是祭祀之斋，非心斋也。"

回曰："敢问心斋。"

仲尼曰："若一志，无听之以耳而听之以心，无听之以心而听之以气！耳止于听，心止于符。气也者，虚而待物者也。唯道集虚。虚者，心斋也。"

颜回曰："回之未始得使，实有回也；得使之也，未始有回也；可谓虚乎？"

夫子曰："尽矣。吾语若！若能入游其樊而无感其名，入则鸣，不入则止。无门无毒，一宅而寓于不得已，则几矣。绝迹易，无行地难。为人使易以伪，为天使难以伪。闻以有翼飞者矣，未闻以无翼飞者也；

闻以有知知者矣，未闻以无知知者也。瞻彼阕者，虚室生白，吉祥止止。夫且不止，是之谓坐驰。夫徇耳目内通而外于心知，鬼神将来舍，而况人乎！是万物之化也，禹舜之所纽也，伏羲几蘧之所行终，而况散焉者乎！"

（第二部分）

叶公子高将使于齐，问于仲尼曰："王使诸梁也甚重，齐之待使者，盖将甚敬而不急。匹夫犹未可动，而况诸侯乎！吾甚慄之。子常语诸梁也曰：'凡事若小若大，寡不道以懽成。事若不成，则必有人道之患；事若成，则必有阴阳之患。若成若不成而后无患者，唯有德者能之。'吾食也执粗而不臧，爨无欲清之人。今吾朝受命而夕饮冰，我其内热与！吾未至乎事之情，而既有阴阳之患矣；事若不成，必有人道之患。是两也，为人臣者不足以任之，子其有以语我来！"

仲尼曰："天下有大戒二：其一，命也；其一，义也。子之爱亲，命也，不可解于心；臣之事君，义也，无适而非君也，无所逃于天地之间。是之谓大戒，是以夫事其亲者，不择地而安之，孝之至也；夫事其君者，不择事而安之，忠之盛也；自事其心者，哀乐不易施乎前，知其不可奈何而安之若命，德之至也。为人臣子者，固有所不得已。行事之情而忘其身，何暇至于悦生而恶死！夫子其行可矣！

"丘请复以所闻：凡交近则必相靡以信，交远则必忠之以言，言必或传之。夫传两喜两怒之言，天下之难者也。夫两喜必多溢美之言，两怒必多溢恶之言。凡溢之类妄，妄则其信之也莫，莫则传言者殃。故法言曰：'传其常情，无传其溢言，则几乎全'。

"且以巧斗力者，始乎阳，常卒乎阴，秦至则多奇巧；以礼饮酒者，始乎治，常卒乎乱，秦至则多奇乐。凡事亦然。始乎谅，常卒乎鄙；其作始也简，其将毕也必巨。

"言者，风波也；行者，实丧也。夫风波易以动，实丧易以危。故忿设无由，巧言偏辞。兽死不择音，气息茀然，于是并生厉心。剋核太至，则必有不肖之心应之，而不知其然也。苟为不知其然也，孰知其所终！

故法言曰：'无迁令，无劝成，过度益也'。迁令劝成殆事，美成在久，恶成不及改，可不慎与！

"且夫乘物以游心，托不得已以养中，至矣。何作为报也！莫若为致命，此其难者。"

（第三部分）

颜阖将傅卫灵公太子，而问于蘧伯玉曰："有人于此，其德天杀。与之为无方，则危吾国；与之为有方，则危吾身。其知适足以知人之过，而不知其所以过。若然者，吾奈之何？"

蘧伯玉曰："善哉问乎！戒之，慎之，正女身也哉！形莫若就，心莫若和。虽然，之二者有患。就不欲入，和不欲出。形就而入，且为颠为灭，为崩为蹶。心和而出，且为声为名，为妖为孽。彼且为婴儿，亦与之为婴儿；彼且为无町畦，亦与之为无町畦；彼且为无崖，亦与之为无崖。达之，入于无疵。

"汝不知夫螳螂乎？怒其臂以当车辙，不知其不胜任也，是其才之美者也。戒之，慎之！积伐而美者以犯之，几矣。

"汝不知夫养虎者乎？不敢以生物与之，为其杀之之怒也；不敢以全物与之，为其决之之怒也；时其饥饱，达其怒心。虎之与人异类而媚养己者，顺也；故其杀之者，逆也。

"夫爱马者，以筐盛矢，以蜄盛溺。适有蚉虻仆缘，而拊之不时，则缺衔毁首碎胸。意有所至而爱有所亡，可不慎邪！"

（第四部分）

匠石之齐，至于曲辕，见栎社树。其大蔽数千牛，絜之百围，其高临山，十仞而后有枝，其可以为舟者旁十数。观者如市，匠伯不顾，遂行不辍。弟子厌观之，走及匠石，曰："自吾执斧斤以随夫子，未尝见材如此其美也。先生不肯视，行不辍，何邪？"

曰："已矣，勿言之矣！散木也，以为舟则沈，以为棺椁则速腐，以为器则速毁，以为门户则液樠，以为柱则蠹。是不材之木也，无所可用，故能若是之寿。"

匠石归，栎社见梦曰："女将恶乎比予哉？若将比予于文木邪？夫柤梨橘柚，果蓏之属，实熟则剥，剥则辱；大枝折，小枝泄。此以其能苦其生者也，故不终其天年而中道夭，自掊击于世俗者也。物莫不若是。且予求无所可用久矣，几死，乃今得之，为予大用。使予也而有用，且得有此大也邪？且也若与予也皆物也，奈何哉其相物也？而几死之散人，又恶知散木！"

匠石觉而诊其梦。弟子曰："趣取无用，则为社何邪？"

曰："密！若无言！彼亦直寄焉，以为不知己者诟厉也。不为社者，且几有翦乎！且也彼其所保与众异，而以义喻之，不亦远乎！"

南伯子綦游乎商之丘，见大木焉，有异，结驷千乘，将隐芘其所藾。子綦曰："此何木也哉？此必有异材夫？"仰而视其细枝，则拳曲而不可以为栋梁；俯而视其大根，则轴解而不可以为棺椁；咶其叶，则口烂而为伤；嗅之，则使人狂酲，三日而不已。

子綦曰："此果不材之木也，以至于此其大也。嗟乎神人，以此不材！

"宋有荆氏者，宜楸柏桑。其拱把而上者，求狙猴之杙者斩之；三围四围，求高名之丽者斩之；七围八围，贵人富商之家求樿傍者斩之。故未终其天年，而中道之夭于斧斤，此材之患也。故解之以牛之白颡者与豚之亢鼻者，与人有痔病者不可以适河。此皆巫祝以知之矣，所以为不祥也。此乃神人之所以为大祥也。"

（第五部分）

支离疏者，颐隐于脐，肩高于顶，会撮指天，五管在上，两髀为胁。挫针治繲，足以糊口；鼓筴播精，足以食十人。上征武士，则支离攘臂而游于其间；上有大役，则支离以有常疾不受功；上与病者粟，则受三钟与十束薪。夫支离其形者，犹足以养其身，终其天年，又况支离其德者乎！

（第六部分）

孔子适楚，楚狂接舆游其门曰：

"凤兮凤兮，何如德之衰也！

来世不可待，往世不可追也。

天下有道，圣人成焉；

天下无道，圣人生焉。

方今之时，仅免刑焉。

福轻乎羽，莫之知载；

祸重乎地，莫之知避。

已乎已乎，临人以德！

殆乎殆乎，画地而趋！

迷阳迷阳，无伤吾行！

郤曲郤曲，无伤吾足。"

（第七部分）

山木自寇也，膏火自煎也。桂可食，故伐之；漆可用，故割之。人皆知有用之用，而莫知无用之用也。

德充符

【原文】

鲁有兀者王骀[1]，从之游者，与仲尼相若。常季[2]问于仲尼曰："王骀，兀者也，从之游者，与夫子中分鲁[3]。立不教，坐不议，虚而往，实而归。固有不言之教，无形而心成[4]者邪？是何人也？"

仲尼曰："夫子，圣人也，丘也直后[5]而未往耳。丘将以为师，而况不若丘者乎！奚假[6]鲁国！丘将引天下而与从之。"

常季曰："彼兀者也，而王先生[7]，其与庸[8]亦远矣。若然者，其用心也独若之何？"

仲尼曰："死生亦大矣，而不得与之变，虽天地覆坠，亦将不与之遗[9]。审乎无假而不与物迁[10]，命物之化[11]而守其宗也。"

常季曰："何谓也？"

仲尼曰："自其异者视之，肝胆楚越[12]也；自其同者视之，万物皆一也。夫若然者，且不知耳目之所宜[13]而游心乎德之和[14]；物视其所一而不见其所丧，视丧其足犹遗土也[15]。"

常季曰："彼为己[16]。以其知得其心[17]，以其心得其常心[18]，物何为最[19]之哉？"

仲尼曰："人莫鑑于流水，而鑑于止水，唯止能止众止[20]。受命于地，唯松柏独也正；在冬夏青青；受命于天，唯尧舜独也正，在万物之首。幸能正生[21]，以正众生。夫保始之征[22]，不惧之实。勇士一人，雄入于九军[23]。将求名而能自要者，而犹若是，而况官天地[24]，府万物[25]，直寓六骸⁽²⁶⁾，象耳目⁽²⁷⁾，一知之所知，⁽²⁸⁾而心未尝死者⁽²⁹⁾乎！彼且择日而登假⁽³⁰⁾，人则从是也。彼且何肯以物为事乎！"

【注释】

（1）鲁有兀者王骀：鲁国有个被砍掉一只脚的人。兀者，指受过刖刑只有一只脚的人。兀，通"介"（wù），断足的刑法。王骀（tá），假托的人名。

（2）常季：鲁国贤人，孔子的弟子。

（3）中分鲁：在鲁国平分，意思是在鲁国彼此间差不多，不分上下。

（4）无形而心成：潜移默化之功。无形，不须用形表表。心成，心感而自化成，指潜移默化。

（5）直后：我的学识落后于他。直，通作"特"，仅、只的意思。后，意思是落在对方的后面。

（6）奚假：何止。奚，何。假，已、止。

（7）王（wàng）先生：即远远超过了先生。王，旺、胜。

（8）庸：平庸，这里指平常的人。

（9）不与之遗：不会随着遗落。遗，失。

（10）审乎无假而不与物迁：安定纯真而不与外物迁移。审，固定、安定。如《庄子·徐无鬼》：故水之守土也审，影之守人也审，物之守物也审。无假，即纯真、无借虚饰。

（11）命物之化：道与物的化育而守其祖宗（道）。命，指"道"《诗·周颂》：维天之命，於穆不已。笺：命，犹道也。宗，祖宗，此指"道"。

（12）肝胆楚越：肝胆、楚国越国虽相邻却异样。

（13）耳目之所宜：适宜于听觉、视觉的东西。

（14）而游心乎德之和：只求留心在忘形忘情的和气之中。游心，留心，即心神倾注在某一方。和，和气（真气）。

（15）遗土：失落土块。

（16）彼为己：王骀修己。彼，指王骀。为己，修身。

（17）以其知得其心：用他的智慧领悟心。

（18）以其心得其常心：再根据这个"心"返回到"常心"。

（19）物何为最：道为什么聚集。何为，为何、何故、为什么。最，聚集。《管子.禁藏》："冬收五藏，最万物。"

（20）唯止能止众止：唯有静止之物，方能止住一切求静止者。

（21）正生：即正性，指尧舜自正性命。正，合乎法度、规律或常情。生，生命、性命。

（22）保始之征：保持初始时的状态。始，本初之态。征，特征、状态。

（23）九军：千军万马。九，非实数。一说天子六军，诸侯三军，故名九军。

（24）而况官天地：何况效法天地。官，取法、效法。《礼记·礼运》："其降曰命，其官于天也。"

（25）府万物：包藏万物。府，包藏。

（26）直寓六骸：把六骸视为旅社。直，通作"特"，仅、只的意思。

（27）象耳目：以耳目为迹象。

（28）一知所知：把普遍智能的认识统一到道的同一之中。"一"，道。知，知晓。

（29）心未尝死者：心中未尝有死的念头的人。未尝，未曾。

（30）彼且择日而登假：他能从容地选定吉日而超尘绝俗。且，将。择日，指日。登假，升于高远，形容超尘脱俗的精神。假，通作"遐"。

【译文】

鲁国有个被砍掉一只脚的人，名叫王骀，跟从他求学的弟子与孔子的门徒一样多，孔子的学生常季问孔子说："王骀是个断了一只脚的人，跟从他学习的弟子与先生在鲁国的弟子相当。他站不教人，坐着不议论，跟他学习的人空虚而来，充实而归。果然有不用语言的教导，无形感化而达到潜移默化之功吗？这是什么样的人呢？"

孔子回答说："这位先生是圣人，我的学识落后于他，还没有前去请教他。我准备拜他为师，何况学识还不如我的人呢！何止鲁国，我将引领天下的人跟从他学习。"

常季说："他是断了一只脚的人，而学识竟能超过你，那么他与普通人相比，其间的差距就更大了。果真这样，他的心智有何独特之处呢？"

孔子回答说："死生都是人生中一件极大的事，却不会使他随之变化，就是天翻地坠，他也不会随着遗落毁灭。他安定纯真而不受外物变化的影响，道与万物的化育中而守其祖宗（道）。"

常季说："这是什么意思呢？"

孔子说："从万物相异的一面去看，肝胆毗邻欲如远隔，这就像楚国和越国一样；从它们相同的一面去看，万物都是一样的。如果了解这一点，不会去关心耳目适宜于何种声色，只求留心在忘形忘情的和气之中。从万物相同的一面去看，就看不到有什么丧失，因而看到丧失了一只脚就像是失落了土块一样。"

常季说："王骀修炼自己。用他自己的认知得他的心，用他的心得他的恒久不变的心，道为什么聚集呢？""

孔子回答说："人不在流动的水面上照自己的身影，而在静止的水面上照自己的身影，唯有本身静止的东西才能使他物静止。接受生命于地，唯有松柏独立秉承自然规律，无分冬夏枝叶常青；接受生命于天，唯有尧舜得性命之正，在万物之中为首长。幸而他们能自正性命，才能去引导众人。保持初始时的状态，才会有勇者的无所畏惧。勇敢的武士一人，敢称雄于千军万马。想要追求功名的人尚且能够这样，何况效法天地，包藏万物，以六骸为寄寓，以耳目为迹象，天赋的智慧能够烛照所知的境域，而心中未尝有死的念头的人呢！他能从容地选定吉日而超尘绝俗，大家都乐意跟从他。他哪里肯以吸引众人为事呢？"

【体悟】

（1）"审乎无假而不与物迁，命物之化而守其宗也"之义

只有对这里的"审"、"无假"、"命"、"物"、"宗"几个词搞清楚了

111

才能搞清这两句话的原义。"审"是固定、安定的意思。如《庄子·徐无鬼》：故水之守土也审，影之守人也审，物之守物也审。"无假"是纯真、无借虚饰的意思。"命"指"道"。《诗·周颂》：维天之命，於穆不已。笺：命，犹道也。"物"指"万物"。"宗"指祖宗，此指"道"。《道德经》第四章："道冲而用之，或不盈。渊兮，似万物之宗。"《道德经》：第四十二章："道生一，一生二，二生三，三生万物。万物负阴而抱阳，冲气以为和。"由此可知，"道"与"万物"的"化育"关系、"守其宗"是什么意思了。

（2）本节主要在讲"道"方面的知识。众多的内容，都能与《道德经》中的内容对应上，只不过是用不同的语言罢了。

【原文】

申徒嘉⁽¹⁾，兀者也，而与郑子产同师于伯昏无人⁽²⁾。子产谓申徒嘉曰："我先出则子止，子先出则我止。"其明日，又与合堂同席而坐。子产谓申徒嘉曰："我先出则子止，子先出则我止。今我将出，子可以止乎，其未邪？且子见执政而不违⁽³⁾，子齐⁽⁴⁾执政乎？"

申徒嘉曰："先生之门，固有执政焉如此哉？子而说子之执政而后人⁽⁵⁾者也？闻之曰：'鉴明则尘垢不止，止则不明也。久与贤人处则无过。'今子之所取大者⁽⁶⁾，先生也，而犹出言若是，不亦过乎！"

子产曰："子即若是矣，犹与尧争善，计子之德⁽⁷⁾，不足以自反邪？"

申徒嘉曰："自状其过⁽⁸⁾，以不当亡者众⁽⁹⁾，不状其过，以不当存者寡，知不可奈何，而安之若命，唯有德者能之。游于羿之彀中⁽¹⁰⁾，中央者，中地⁽¹¹⁾也；然而不中者，命也。人以其全足笑吾不全足者多矣，我怫然⁽¹²⁾而怒；而适先生之所，则废然而反⁽¹³⁾。不知先生之洗我以善⁽¹⁴⁾邪？吾与夫子游十九年矣，而未尝知吾兀者也。今子与我游于形骸之内，而子索我于形骸之外，不亦过乎！"

子产蹴然⁽¹⁵⁾改容更貌曰："子无乃称⁽¹⁶⁾！"

【注释】

（1）申徒嘉：姓申徒，名嘉，郑国贤人。

（2）郑子产同师于伯昏无人：和郑国的子产同做伯昏无人的弟子。郑子产，郑国的大政治家。昏是道家的一种境界，以无人为名，可见是庄子所寓托。

（3）且子见执政而不违：你见了我这执政大臣而不知回避。执政，执政大臣，主管某一事务的人。违，回避。

（4）子齐：你把自己看得跟我一样。齐，齐一、一样。

（5）子而说子之执政而后人：你炫耀你的执事瞧不起人。说（yuè）通作"悦"，喜悦。后人，以别人为后，含有瞧不起别人的意思。

（6）大者：这里指广博精深的见识。

（7）计子之德：你估量一下自己的德行。计，计算，估量。

（8）自状其过：自己辩说自己的过错。状，陈述，含有为自己的过失辩解的意思。其过，自己的过失。

（9）以不当亡者众：认为自己不应当形残体缺的人很多。以，认为。亡，丢失、失去，这里指使身体残缺。

（10）游于羿之彀中：来到善射的后羿张弓搭箭的射程之内。羿，古代神话传说中的善射者。彀中，指弓箭射程范围之内，喻指人们生活的社会范围。彀（gòu），张满弩。

（11）中地：最易射中的地方。中（zhòng），由外栽入物体内部或中间是其本义。

（12）怫（bó）然：勃然，发怒时盛气的样子。

（13）废然而反：废然，怒气消失的样子。反，通作"返"，指回复到原有的正常神态。

（14）洗我以善：即以善洗我，用善道来教诲我。

（15）蹴（cù）然：惭愧不安的样子。

（16）子无乃称：你不要再说下去了。乃，读为"仍"。称，说。

113

【译文】

申徒嘉是一个断了脚的人，和郑国的子产同做伯昏无人的弟子。子产对申徒嘉说："我先出去，你就停下，你先出去，我就停下。"到了第二天，他们又合堂同席坐在一起。子产又对申徒嘉说："我先出去，你就停下，你先出去，我就停下。现在我将出去，你可以稍停一下吗？还是不能呢？你见了我这执政大臣不知回避，你把自己看成和我一样的执政大臣吗？"

申徒嘉说："伯昏无人先生的门下，有这样的执政大臣吗？你炫耀你的执政而瞧不起人吗？听说：'镜子明亮尘就不落灰尘，落上灰尘就不明亮。常跟贤人在一起相处就没有过失'。你今天来先生这里求学修德，竟说出这种话来，不是太过分了吗！"

子产说："你已经是这样了，还要跟尧争比善心，你估量一下自己的德行，还不足以使你有所反省吗？"

申徒嘉说："一个人自己辩说自己的过错，认为自己不应当形残体缺的人很多，即形残后，不辩说自己的过错，认为自己不应当形整体全的人很少。知晓事物的无可奈何而能安下心来视如自然的命运，这只有有德的人才能做到。来到善射的后羿张弓搭箭的射程之内，中央的地方也就是最容易中靶的地方，然而有时不被射中，那是命。有很多人因为双脚完整而笑话我残缺不全，我听了非常生气；等到来了伯昏无人先生这里，我的怒气全消，恢复了常态。你还不明白先生用善来教化我吗？我在先生门下已经十九年了，可是先生从来没有认为我是个断了脚的人。现在你和我游于'形骸之外'以德相交，但你却在'形骸之外'用外貌来衡量我，不是很错误的吗？"

子产听了申徒嘉一席话深感惭愧，立刻改变面容说："请你不要再说了！"

114

【原文】

鲁有兀者叔山无趾⁽¹⁾，踵⁽²⁾见仲尼。仲尼曰："子不谨，前既犯患若是矣。虽今来，何及矣！"

无趾曰："吾唯不知务而轻用吾身，吾是以亡足。今吾来也，犹有尊足者存⁽³⁾焉，吾是以务全之也。夫天无不覆，地无不载，吾以夫子为天地，安知夫子之犹若是也！"

孔子曰："丘则陋矣。夫子胡不入乎，请讲以所闻！"

无趾出。孔子曰："弟子勉之！夫无趾，兀者也，犹务学以复补前行之恶，而况全德之人乎⁽⁴⁾！"

无趾语老聃⁽⁵⁾曰："孔丘之于至人，其未邪？彼何宾宾以学子为⁽⁶⁾？彼且蕲以諔诡幻怪之⁽⁷⁾名闻，不知至人之以是为己桎梏邪？"

老聃曰：胡不直使彼以死生为一条，以可不可为一贯者，解其桎梏⁽⁸⁾，其可乎？"

无趾曰："天刑⁽⁹⁾之，安可解！"

【注释】

（1）叔山无趾："叔山"是字，遭刖足，所以称号为"无趾"。这是虚构的名字。

（2）踵：脚后跟，这里指用脚后跟走路。

（3）尊足者存：还有比双脚更为珍贵的东西存在。尊足者，意思是比脚更珍贵的东西，这里指德性修养。尊足，即尊于足。

（4）而况全德之人乎：何况没有犯过的全德之人。

（5）老聃（dān）：即老子，姓李，名聃。

（6）宾宾以学子为：把自己当成个学者。宾宾，频频。学子，即学于子，向老聃请教。

（7）諔诡幻怪：虚妄奇异的。諔（chù）诡，奇异。幻怪，虚妄。

（8）桎梏：古代的一种刑具，犹如今言脚镣手铐，喻指束缚自己的工具。

（9）天刑：天然的刑罚。天，天然。刑，这里讲作"惩罚"的意思。

【译文】

　　鲁国有个被砍去脚趾的人名叫叔山无趾，靠脚后跟走路去拜见孔子。孔子对他说："你不谨慎，早先已犯了这样的过错。现在虽然来我这里请教，怎么来得及呢！"

　　无趾说："我只因不识事理而轻用我的身体，所以才断了脚趾。现在我来到你这里，还有比双脚更为珍贵的东西存在，我想要保全它。苍天没有什么不覆盖，大地没有什么不托载，我把先生看作天地，哪知先生是这样的人啊！"

　　孔子说："我实在浅薄。你怎么不进来呢！请说说你的看法！"

　　无趾走了。孔子说："弟子们勉励啊！无趾是一个被砍掉脚趾的人，他还努力求学以补过前非，何况没有犯过的全德之人呢！"

　　无趾对老聃说："孔子还没有达到'至人'的境地吧！他为什么总是把自己当成个学者呢？而他还要企求以奇异的名声传闻天下，他不知晓至人把名声当作是一种枷锁呢！"

　　老聃说："你何不使他了解死生为一致，可和不可为平庸的道理，解除他的束缚，这样可以吗？"

　　无趾说："这是上天加给他的刑罚，怎么可以解除呢？"

【原文】

　　鲁哀公问于仲尼曰："卫有恶人[1]焉，曰哀骀它[2]。丈夫[3]与之处者，思而不能去[4]也。妇人见之，请于父母曰'与为人妻，宁为夫子妾'者，十数而未止也。未尝有闻其唱[5]者也，常和人而矣。无君人之位以济[6]乎人之死，无聚禄以望人之[7]腹。又以恶骇[8]天下，和而不唱，知不出乎四域[9]，且而雌雄合乎前[10]。是必有异乎人者也。寡人[11]召而观之，果以恶骇天下。与寡人处，不至以月数，而寡人有意乎其为人⁽¹²⁾也；不至乎期年⁽¹³⁾，而寡人信之。国无宰，寡人传国焉。闷然⁽¹⁴⁾而后应，氾然而若辞⁽¹⁵⁾。寡人丑乎，卒授之国。无几何也，去寡人而行，寡人恤⁽¹⁶⁾焉若有亡也，若无与乐是国也。是何人者也？"

仲尼曰："丘也尝使⁽¹⁷⁾于楚矣，适见独子食于其死母者⁽¹⁸⁾，少焉眴若⁽¹⁹⁾皆弃之而走。不见己焉尔⁽²⁰⁾，不得类焉尔⁽²¹⁾。所爱其母者，非爱其形也，爱使其形⁽²²⁾者也。战而死者，其人之葬也不以翣资⁽²³⁾；刖者之屦，无为爱之⁽²⁴⁾；皆无其本矣。为天子之诸御⁽²⁵⁾，不爪翦⁽²⁶⁾，不穿耳；取⁽²⁷⁾妻者止于外，不得复使。形全犹足以为尔⁽²⁸⁾，而况全德之人乎！今哀骀它未言而信，无功而亲，使人授己国，唯恐其不受也，是必才全而德不形者也。"

哀公曰："何谓才全？"

仲尼曰："死生存亡，穷达⁽²⁹⁾贫富，贤与不肖毁誉，饥渴寒暑，是事之变，命之行⁽³⁰⁾也；日夜相代⁽³¹⁾乎前，而知不能规⁽³²⁾乎其始者也。故不足以滑和⁽³³⁾，不可入于灵府⁽³⁴⁾，使之和豫通而不失于兑⁽³⁵⁾；使日夜无郤而与物为春⁽³⁶⁾，是接⁽³⁷⁾而生时于心者也。是之谓才全。"

"何为德不形？"

曰："平者，水停之盛也。其可以为法也，内保之而外不荡⁽³⁸⁾也。德者，成和之脩⁽³⁹⁾也。德不形者，物不能离也。"

哀公异日以告闵子⁽⁴⁰⁾曰："始也吾以南面而君天下，执民之纪⁽⁴¹⁾而忧其死，吾自以为至通矣。今吾闻至人之言，恐吾无其实，轻用吾身而亡其国。吾与孔丘，非君臣也，德友而已矣。"

【注释】

（1）恶人：丑陋的人。恶，丑。

（2）哀骀它（tái tuō）：虚构的人名。

（3）丈夫：古代成年男子的通称。

（4）去：离开。

（5）唱：倡导，前导。

（6）无君人之位以济：没有权位去救济别人的灾难。君人之位，即统治
别人的地位。济，救助。

（7）无聚禄以望人之腹：没有钱财去使他人吃饱肚子。禄，俸禄，这里
泛指财物。望人之腹，即使人人都能吃饱。望，月儿满圆，这里引
申用其饱满之义。

（8）骇：惊扰。

（9）知不出乎四域：才智也不超出人世以外。知不超出人世。四域，四
方之内。

（10）雌雄合乎前：妇人男子都亲近于他。雌雄，这里泛指妇女和男人。
合乎前，前去与他亲近。合，亲近。

（11）寡人：古代国君的谦称。

（12）有意乎其为人：对于他的为人有了了解。意，猜想，意料。

（13）期（jī）年：一周年。

（14）闷然：神情淡漠的样子。

（15）汜而若辞：漫漫然而未加推辞。汜，同"泛"，这里形容心不在焉，
有口无心的样子。辞，推却。

（16）恤：忧虑。

（17）使：出使、出游。

（18）独子食于其死母者：一群小猪在吮吸刚死去的母猪的乳汁。独
（tún），同"豚"，小猪。食，这里指吮吸乳汁。

（19）少焉眴若：不一会儿又惊惶地丢弃母猪逃跑了。少焉，一会儿。眴
若，惊惶的样子。眴（shùn），走，跑。

（20）不见己焉尔：母猪不能像先前活着时那样哺育它们。身己。焉尔，
意思为于是、而已。

（21）不得类焉尔：不同一类，意思是不像活着的样子。

（22）爱使其形：爱支配那个形体的灵魂。

（23）翣资：棺饰。翣（shà），古代出殡时棺木上的饰物，形同羽扇。
资，送。

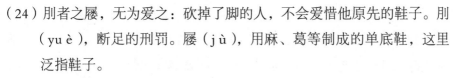

（24）刖者之屦，无为爱之：砍掉了脚的人，不会爱惜他原先的鞋子。刖（yuè），断足的刑罚。屦（jù），用麻、葛等制成的单底鞋，这里泛指鞋子。

（25）诸御：宫中御女，即宫女。

（26）不翦爪：不修指甲。翦（jiǎn），"剪"字的异体。

（27）取：通作"娶"。

（28）尔：如此。

（29）穷达：困窘、走头无路。达，通畅、顺利。

（30）命之行：运命的流行，指非人为造成的情况变化。

（31）相代：相互更替。

（32）规：为"窥"。

（33）滑和：搅乱平和状态。滑（gǔ），乱。和，平和、均衡。

（34）灵府：心灵、心宅。

（35）使之和豫通而不失于兑：使之心境平和快乐通畅而道（真气）不失于口，豫，安适。兑，口。

（36）使日夜无郤而与物为春：使他日夜不间断地随物所在保持着春和之气。郤（xì），通作"隙"，间隙的意思。与物为春，春，本义为"春阳抚照，万物滋荣。"

（37）接：接触外物。时，顺时，顺应四时而作的意思。

（38）荡：动。

（39）成和之脩：事得以成功、物得以顺和的极高修养。"脩"（xiū）同"修"。

（40）闵子：人名，孔子的弟子。

（41）纪：纲纪。

【译文】

　　鲁哀公问孔子说："卫国有个面貌丑陋的人，名叫哀骀它。男人跟他相处，想念他而舍不得离去。女人见到他，恳求父母说：'与其做别人的妻子,不如做位先生的妾。'这样的女人不止十几个。从没听到他倡导什么,只见他应和而已。他没有权位去救济别人的灾难,也没有钱财去使他人吃饱肚子。他面貌丑陋使天下人见了都感到吃惊,他应和而不倡导,他的才智也不超出人世以外,然而妇人男子都亲近于他,他必定有异于常人之处。我召他来,果然见他相貌丑陋足以惊骇天下人。但他跟我相处不到一个月,我就觉得他有过人之处;不到一年,我就很信任他。这时国家正没有宰相,我便把国事委托给他,他却淡淡然而无意应承,漫漫然而未加推辞。我觉得很羞愧,终于把国事交给了他。没过多久,他就离开我走掉了,我忧闷得很,好像失落了什么似的,好像国中再没有人跟我一道共欢乐似的,这究竟是怎样的人呢?"

孔子说:"我曾经出使到楚国去,正巧看见一群小猪在吮吸刚死去母猪的乳汁,不一会儿又惊惶地丢弃母猪逃跑了。因为母猪已经失去了知觉,不像先前活着时那样哺育它们。可见小猪爱它们的母亲,不是爱它的形体,而是爱支配那个形体的精神。疆场上战败而死的人,行葬时不用棺饰;砍断了脚的人,不会爱惜他原先的鞋子;这都是因为失去了根本啊!做天子宫女的,不剪指甲,不穿耳眼;婚娶的人只能在宫外办事,不会再回到宫中服役。为保全形体完整尚且能够做到这一点,何况德性完整的人呢!如今哀骀它他不说话也能取信于人,没有功绩也能赢得人的亲敬,能使别人把国家的国政托付给他,还唯恐他不接受,这一定是'才全'而'德不形'的人。"

哀公说:"什么叫做'才全'?"

孔子说:"死生存亡,穷达贫富,贤能与不肖,诋毁与称誉,饥渴寒暑,这些都是事物的变化,运命的流行,好像昼夜的轮转一样,而人的认知却不能窥见它们的起始。这些都不足以搅乱平和状态,不可能进入他的心宅,使他的心境平和快乐而道(真气)不失于口,使他日夜不间断地随物所在保持着春和之气,这样就能萌生出在接触外物时与时推移的心灵。这就叫做'才全'。"

鲁哀公又问:"什么叫'德不形'呢?"

孔子说:"水平是水静止时的极端状态。它可以作为效法,内心保持极端的静止状态，就可以不为外境所动。德的意思，就是成和气之修炼。德不外露，道不能离开修炼者人身。"

有一天鲁哀公把孔子这番话告诉闵子说："起初，我以国君的地位治理天下，执掌纲纪而忧虑人民的死活，我自以为尽善尽美了。如今，我听到至人的言论，恐怕我的德还不充实，轻率糟蹋我身而使国家危亡。以致使我的国家危亡。我和孔子不是君臣关系，而是以德相交的朋友。"

【体悟】

（1）"且而雌雄合乎前"之义

这句话不好理解，通过前后分析，其意思是：然而妇人男子都亲近于他。这里"雌雄"泛指妇女和男人。"合"指亲近。"合乎前"指前去与他亲近，这是理解这句话的关键。

（2）"使之和豫通而不失于兑"之义

这句话中的"兑"的意思不好理解，以往将"兑"多解释为"悦"。其实，这里的"兑"是指人的"口"。整句的意思是：使他的心境平和快乐通畅而不失去道（真气）。修炼的人要"舌顶上腭"，就是使真气不失于口，有利真气"周天"运行。

（3）"今吾闻至人之言，恐吾无其实，轻用吾身而亡其国"之义

"至人之言"指孔子所说的"道"方面的言论。"其实"中的"其"是指上面有关"德"，"实"是充实之义。有人将"实"解译为"政绩"是错误的，没能理解其内涵。从这段话的意思，也可以看出，"道"与"德"的关系。"道"与"德"的关系，在《道德经》中已经说的非常清楚了。《道德经》第五十一章："道生之，德畜之；物形之，势成之。是以万物莫不尊道而贵德。道之尊，德之贵，夫莫之命而常自然。"

【原文】

闉跂支离无脤⁽¹⁾说卫灵公，灵公说之；而视全人，其脰肩肩⁽²⁾。瓮㼜

大瘿⁽³⁾说齐桓公，桓公说之；而视全人，其脰肩肩。

故德有所长，而形有所忘，人不忘其所忘，而忘其所不忘，此谓诚忘。

故圣人有所游，而知为孽⁽⁴⁾，约为胶⁽⁵⁾，德为接⁽⁶⁾，工为商⁽⁷⁾。圣人不谋，恶用知？不斵⁽⁸⁾，恶用胶？无丧，恶用德？不货，恶用商？四者，天鬻⁽⁹⁾也；天鬻者，天食⁽¹⁰⁾也。既受食于天，又恶用人！

有人之形，无人之情。有人之形，故群于人，无人之情，故是非不得于身。眇乎小哉，所以属于人也！謷⁽¹¹⁾乎大哉，独成其天！

【注释】

（1）闉跂支离无脤：曲足、伛背、无唇，形容残形丑陋的人。闉，曲。跂（qǐ），通"企"。脤（shèn），同"唇"。

（2）脰肩肩：脖子细长。脰（dòu），脖子、颈。肩肩，细小的样子。

（3）瓮㼜大瘿：颈下的瘤子大如瓮盎，这里用畸形特征作为人名。瓮㼜，（wèng gàng），腹大口小的陶制盛器。

（4）知为孽：指智巧为灾孽。孽（niè），祸根。

（5）约为胶：以约束为胶漆。约，盟誓。胶，粘固、胶着。

（6）德为接：以施惠为交接手段。

（7）工为商：工巧是商贾（gǔ）的行为。《周礼·天官·大宰》：九职，六曰商贾，阜通货贿。注：行曰商，处曰贾。

（8）斵（zhuó）："斫"字的异体，割裂的意思。

（9）天鬻：自然养育。天，自然。鬻（yù），通作"育"，养育的意思。

（10）天食：禀受自然的饲养和供给。

（11）謷（áo）：高大的样子。

【译文】

有一个跛脚、伛背、无唇的人游说卫灵公，卫灵公十分喜欢他；再看到体形完整的人，反而觉得他们的脖子太细长了。有一个脖子生瘤大如瓮盎的人游说齐桓公，齐桓公十分喜欢他；再看看那些体形完整的人，反而觉得他们的脖子过于细小了。

所以只要有过人的德性，形体上的残缺就会被人遗忘。人们如果不遗忘所应当遗忘的（形体的残缺），而忘记了所不应当忘记的（德性的不足），这才是真正的遗忘。

所以圣人悠游自适，而智巧是灾孽，以约束为胶连，以施惠为交接手段，工巧是商贾的行为。圣人不思谋，哪里用得着巧智呢？不割裂，哪里用得着胶连？不丧失天性，哪里用得着恩德呢？不求牟利，哪里用得着推销？这四种品德就是天养。天养，就是禀受自然的饲养。既然受养于自然，又何必着意人为呢！

有人的形体，而没有人的偏情。有人的形体，所以与人相处；没有人的偏情，所以一般人的是非都影响不了他。渺小啊！属于人类。伟大啊，他能超越人群而提升为与自然同体。

【原文】

惠子⁽¹⁾谓庄子曰："人故无情乎？"

庄子曰："然"。

惠子曰："人而无情，何以谓之人？"

庄子曰："道与之貌，天与之形，恶得不谓之人？"

惠子曰："既谓之人，恶得无情？"

庄子曰："是非吾所谓情也。吾所谓无情者，言人之不以好恶内伤其身，常因自然而不益生⁽²⁾也。"

惠子曰："不益生，何以有其身？"

庄子曰："道与之貌，天与之形，无以好恶内伤其身。今子外乎子之神，劳⁽³⁾乎子之精，倚树而吟，据梧而瞑⁽⁴⁾。天选⁽⁵⁾之形，子以坚白鸣⁽⁶⁾！"

【注释】

（1）惠子：即惠施，名家的代表人物。

（2）益生：益，增添。

（3）劳：耗费。

（4）据梧而暝：据，靠、凭依。梧，指用梧桐木做成的几案。暝（míng），通作"眠"，打盹儿的意思。

（5）天选：自然的授予。

（6）坚白鸣：指惠施唱盈"坚白"的论调。其内容为：石之白色与石之坚质都独立于"石"。已见于《齐物论》。庄子对于这一类辩论为无稽之谈。

【译文】

惠子对庄子说："人确实是没有情的吗？"

庄子说："是的"。

惠子说："一个人若没有情，怎么能称作人呢？"

庄子说："道赋予人容貌，天赋予人形体，怎么能不称作人？"

惠子说："既然称作人，怎么没有情？"

庄子说："这不是我所说的'情'。我所说的'无情'，是说人不以好恶损害自身的本性，常常顺其自然而不用人为去增添些什么。"

惠子说："不用人为去增添什么，靠什么来保存自己的身体呢？"

庄子说："道赋予人容貌，天赋予人形体，不以好恶损害自己的本性。现在驰散你的心神，耗费你的精力，身靠着树干吟咏，凭依几案闭目打盹儿。自然授予了你形体，你却自鸣得意于'坚白'之论。"

【本篇小结】

题目《德充符》的含义。"德充符"的意思是：德充实得已验证。这里的"德"并非通常理解的"道德"的"德"，而是修"道"的显现或者说"外露"。如《道德经》所说"道生之，德畜之。"也就是"道隐德显"的意思，也就是"至人""神人""圣人"，自我修养越高，德就越充实，就会得到人们的尊重爱戴。"充"是"充实"的意思。"符"是"证验"的意思。古代朝廷传达命令或调兵将用的凭证，双方各执一半，以验真假。

本文共分六部分，前五本分是为了说明"德"的充实与证验，文章想象出一系列外貌奇丑或形体残缺不全的人，组成了自成五部分的五个小故事。

孔子为王骀所折服，因为王骀修成"不言之教"的"道"；申徒嘉使子产感到羞愧，他们都在老师伯昏无人门下学道——"今子与我游于形骸之内"；无趾去拜见孔子，他们对话可见，孔子自认不如无趾的"德"，无趾说孔子不是"至人"——有"道"之人；孔子向鲁哀公称颂哀骀它，提出所谓"才全"，所谓"德不形"（德不外露），德不形的人，就是道不离身的人。跂支离无脤和大瘿为国君所喜爱，之所以喜爱是他们有"德"。最后感叹到：渺小啊！属于人类。伟大啊！"道"成于自然。进一步说明"德"与"道"的关系。

以上五个小故事中，都在讲"道"讲"德"（全德、德不形），他们得到了"道"，"德"就充分了，他们就会得到好的结果（验证）。

第六部分是庄子和惠子的对话，作为本篇的结尾。庄子说惠子只顾辩论"坚白"等，伤"神"伤"精"，而不去修"道"，恰是"德"充符的反证。

【本篇原文】

（第一部分）

鲁有兀者王骀，从之游者，与仲尼相若，常季问于仲尼曰："王骀，兀者也，从之游者，与夫子中分鲁。立不教，坐不议，虚而往，实而归。固有不言之教，无形而心成者邪？是何人也？"

仲尼曰："夫子，圣人也，丘也直后而未往耳。丘将以为师，而况不若丘者乎！奚假鲁国！丘将引天下而与从之。"

常季曰："彼兀者也，而王先生，其与庸亦远矣。若然者，其用心也独若之何？"

仲尼曰："死生亦大矣，而不得与之变，虽天地覆坠，亦将不与之遗。审乎无假而不与物迁，命物之化而守其宗也。"

常季曰："何谓也？"

仲尼曰："自其异者视之，肝胆楚越也；自其同者视之，万物皆一也。夫若然者，且不知耳目之所宜而游心乎德之和；物视其所一而不见其所丧，视丧其足犹遗土也。"

常季曰："彼为己。以其知得其心，以其心得其常心，物何为最之哉？"

仲尼曰："人莫鑑于流水，而鑑于止水，唯止能止众止。受命于地，唯松柏独也正；在冬夏青青；受命于天，唯尧舜独也正，在万物之首。幸能正生，以正众生。夫保始之征，不惧之实。勇士一人，雄入于九军。将求名而能自要者，而犹若是，而况官天地，府万物，直寓六骸，象耳目，一知之所知，而心未尝死者乎！彼且择日而登假，人则从是也。彼且何肯以物为事乎！"

（第二部分）

申徒嘉，兀者也，而与郑子产同师于伯昏无人。子产谓申徒嘉曰："我先出则子止，子先出则我止。"其明日，又与合堂同席而坐。子产谓申徒嘉曰："我先出则子止，子先出则我止。今我将出，子可以止乎，其未邪？且子见执政而不违，子齐执政乎？"

申徒嘉曰："先生之门，固有执政焉如此哉？子而说子之执政而后人者也？闻之曰：'鑑明则尘垢不止，止则不明也。久与贤人处则无过。'今子之所取大者，先生也，而犹出言若是，不亦过乎！"

子产曰："子即若是矣，犹与尧争善，计子之德，不足以自反邪？"

申徒嘉曰："自状其过，以不当亡者众，不状其过，以不当存者寡，知不可奈何，而安之若命，唯有德者能之。游于羿之彀中。中央者，中地也；然而不中者，命也。人以其全足笑吾不全足者多矣，我怫然而怒；而适先生之所，则废然而反。不知先生之洗我以善邪？吾与夫子游十九年矣，而未尝知吾兀者也。今子与我游于形骸之内，而子索我于形骸之外，不亦过乎！"

子产蹴然改容更貌曰："子无乃称！"

（第三部分）

鲁有兀者叔山无趾，踵见仲尼，仲尼曰："子不谨，前既犯患若是矣。虽今来，何及矣！"

无趾曰："吾唯不知务而轻用吾身，吾是以亡足。今吾来也，犹有尊足者存焉，吾是以务全之也。夫天无不覆，地无不载，吾以夫子为天地，安知夫子之犹若是也！"

孔子曰："丘则陋矣。夫子胡不入乎，请讲以所闻！"

无趾出。孔子曰："弟子勉之！夫无趾，兀者也，犹务学以复补前行之恶，而况全德之人乎！"

无趾语老聃曰："孔丘之于至人，其未邪？彼何宾宾以学子为？彼且蕲以諔诡幻怪之名闻，不知至人之以是为己桎梏邪？"

老聃曰：胡不直使彼以死生为一条，以可不可为一贯者，解其桎梏，其可乎？"

无趾曰："天刑之，安可解！"

（第四部分）

鲁哀公问于仲尼曰："卫有恶人焉，曰哀骀它。丈夫与之处者，思而不能去也。妇人见之，请于父母曰'与为人妻，宁为夫子妾'者，十数而未止也。未尝有闻其唱者也，常和人而已矣。无君人之位以济乎人之死，无聚禄以望人之腹。又以恶骇天下，和而不唱，知不出乎四域，且而雌雄合乎前，是必有异乎人者也。寡人召而观之，果以恶骇天下。与寡人处，不至以月数，而寡人有意乎其为人也；不至乎期年，而寡人信之。国无宰，寡人传国焉。闷然而后应，氾然而若辞。寡人丑乎，卒授之国。无几何也，去寡人而行，寡人恤焉若有亡也，若无与乐是国也。是何人者也？"

仲尼曰："丘也尝使于楚矣，适见独子食于其死母者，少焉眴若皆弃之而走。不见己焉尔，不得类焉尔。所爱其母者，非爱其形也，爱使其形者也。战而死者，其人之葬也不以翣资；刖者之屦，无为爱之；皆无其本矣。为天子之诸御，不翦爪，不穿耳；取妻者止于外，不得复使。形全犹足以为尔，而况全德之人乎！今哀骀它未言而信，无功而亲，使人授己国，唯恐其不受也，是必才全而德不形者也。"

哀公曰："何谓才全？"

仲尼曰："死生存亡，穷达贫富，贤与不肖毁誉，饥渴寒暑，是事之变，命之行也；日夜相代乎前，而知不能规乎其始者也。故不足以滑和，不可入于灵府。使之和豫通而不失于兑；使日夜无郤而与物为春，是接而生时于心者也。是之谓才全。"

"何为德不形？"

曰："平者，水停之盛也。其可以为法也，内保之而外不荡也。德者，成和之脩也。德不形者，物不能离也。"

哀公异日以告闵子曰："始也吾以南面而君天下，执民之纪而忧其死，吾自以为至通矣。今吾闻至人之言，恐吾无其实，轻用吾身而亡其国。吾与孔丘，非君臣也，德友而已矣。"

128

（第五部分）

闉跂支离无脤说卫灵公，灵公说之；而视全人，其脰肩肩。瓮瓷大瘿说齐桓公，桓公说之；而视全人，其脰肩肩。

故德有所长，而形有所忘，人不忘其所忘，而忘其所不忘，此谓诚忘。

故圣人有所游，而知为孽，约为胶，德为接，工为商。圣人不谋，恶用知？不断，恶用胶？无丧，恶有德？不货，恶用商？四者，天鬻也；天鬻者，天食也。既受食于天，又恶用人！

有人之形，无人之情。有人之形，故群于人，无人之情，故是非不得于身。

眇乎小哉，所以属于人也！謷乎大哉，独成其天！

（第六部分）

惠子谓庄子曰："人故无情乎？"

庄子曰："然"。

惠子曰："人而无情，何以谓之人？"

庄子曰："道与之貌，天与之形，恶得不谓之人？"

惠子曰："既谓之人，恶得无情？"

庄子曰："是非吾所谓情也。吾所谓无情者，言人之不以好恶内伤其身，常因自然而不益生也。"

惠子曰："不益生，何以有其身？"

庄子曰："道与之貌，天与之形，无以好恶内伤其身。今子外乎子之神，劳乎子之精，倚树而吟，据梧而瞑。天选之形，子以坚白鸣！"

大宗师

【原文】

知天之所为⁽¹⁾，知人之所为者，至矣。知天之所为者，天而生也；知人之所为者，以其知之所知，以养其知之所不知，终其天年而不中道夭者，是知之盛也。

虽然，有患。夫知有所待而后当，其所待者特未定也。庸讵知吾所谓天之非人乎？所谓人之非天乎？

且有真人而后有真知。何谓真人？古之真人，不逆寡⁽²⁾，不雄成⁽³⁾，不谟士⁽⁴⁾。若然者，过而弗悔，当而不自得也；若然者，登高不慄，入水不濡⁽⁵⁾，入火不热。是知之能登假⁽⁶⁾于道者也若此。

古之真人，其寝不梦，其觉无忧，其食不甘，其息深深。真人之息以踵⁽⁷⁾，众人之息以喉。屈服者⁽⁸⁾，其嗌言若哇⁽⁹⁾。其耆⁽¹⁰⁾欲深者，其天机⁽¹¹⁾浅。

古之真人，不知说生，不知恶死；其出不䜣⁽¹²⁾，其入不距⁽¹³⁾；翛然⁽¹⁴⁾而往，翛然而来而已矣。不忘其所始，不求其所终；受而喜之，忘而复之，是之谓不以心捐⁽¹⁵⁾道，不以人助天。是之谓真人。

若然者，其心志⁽¹⁶⁾，其容寂，其颡頯⁽¹⁷⁾；凄然似秋，煖⁽¹⁸⁾然似春，喜怒通四时，与物有宜⁽¹⁹⁾而莫知其极。

故圣人之用兵也，亡国而不失人心；利泽施乎万世，不为爱人，故乐通物，非圣人也；有亲，非仁也；天时，非贤也；利害不通，非君子也；行名失己，非士也；亡身不真，非役人也。若狐不偕、务光、伯夷、

叔齐、箕子、胥余、纪他、申徒狄，是役人之役，适人之适，而不自适
其适者也(20)。

古之真人，其状义而不朋(21)，若不足而不承；与乎其觚而不坚也(22)，
张乎其虚而不华(23)也；邴乎其似喜(24)也！崔乎其不得已(25)也！滀乎进我
色(26)也，与乎止我德(27)也；厉乎其似世(28)乎！警乎其未可制(29)也；连乎
其似好闭(30)也，悗乎忘其言也(31)。以刑为体，以礼为翼，以知为时，以
德为循。以刑为体者，绰乎其杀也；以礼为翼者，所以行于世也；以知
为时者，不得已于事也；以德为循者，言其与有足者至于丘也；而人真
以为勤行者也(32)。故其好之也一，其弗好之也一。其一也一，其不一也
一。其一与天为徒，其不一与人为徒。天与人不相胜也，是之谓真人。

【注释】

（1）知天之所为：认知自然的所为。天，自然。

（2）逆寡：违逆淡而无味的境界。逆，违逆。寡，淡而无味。

（3）雄成：雄据自己的成绩。

（4）谟士：图谋琐事。谟，谋。士，事。

（5）濡（rú）：沾湿。

（6）登假：登至。

（7）踵：脚根。

（8）屈服者：折服的人。

（9）嗌言若哇：言语吞吐喉头好像受到阻碍一般。嗌（ài），咽喉的意
思，粤语中表示大喊。哇（wā），碍。

（10）者：嗜好。

（11）天机：天然之生机、天然的根器、灵性。

（12）䜣："欣"字的异体，高兴的意思。

（13）距：同"拒"，拒绝、回避的意思。

（14）翛（xiāo）然：无拘束，自由自在的样子。

（15）捐：捐助。

（16）心志：内心诚实。志，诚实。

（17）颡頯：比喻质朴虔诚。颡（sǎng），额。稽颡，古代一种跪拜礼，屈膝下拜，以额触地。頯（kuí），宽大的样子。

（18）煖（xuān）：同"煊"，温暖的意思。

（19）宜：合适、相称。

（20）"故圣人之用兵也……而不自适其适者也"这一百零一字是别处错入，应该删去。现在把这部分译在这里而不放在今译部分（所以圣人用兵，危亡了敌国而不失掉人心；恩泽施及万事，对人欲无偏心。所以有心和人交往就不是圣人；有私爱，就不是仁人；揣度时势，就不是贤人；利害不能相通为一，就不是君子；求名而迷失自己，就不是求学之士；丧身忘性，就不是主宰世人的人。例如：狐不偕、务光、伯夷、叔齐、箕子、胥余、纪他、申徒狄，都是被人役使，使别人安适，而不自求安适的人。）

（21）其状义而不朋：神态善良而不同类。状，样子、神态。义，善。朋，类。

（22）与乎其觚而不坚也：介然不群并非坚执。与乎，容与，悠闲自得的样子。觚（gū），本义中国古代盛行于商代和西周的一种酒器，用青铜制成，口作喇叭形，细腰，高足，腹部和足部各有四条棱角。

（23）张乎其虚而不华也：真人之精神广大中虚而不浮华。张乎，广大的样子，这里指内心宽宏、开阔。华，华丽。

（24）邴乎其似喜也：真人精神开明似有喜色。邴（bǐng），欣喜的样子。

（25）崔乎其不得已：举动出于不得已。

（26）滀乎进我色：内心充实而面色可亲。滀（chù），多指水积聚、郁结、湍急，表示精神面貌充实。

（27）与乎止我德：悠闲自得啊安静自己之德。止，静。

（28）厉乎其似世：严肃啊其似处世之道。厉，严厉、严肃。

（29）謷乎其未可制：不省人言啊其未可裁。謷，不省人言。

（30）连乎其似好闭：沉默不语好像喜欢封闭自己。连，沉默不语。

（31）悗乎其忘言也：形容无心而忘言。悗（mèn），无心。

（32）"以刑为体……而人真以为勤行者也"：这十三句主张"以刑为体，
　　　以礼为翼"的话，和庄子思想不相同，和大宗师主旨更相违，当
　　　删除。

【译文】

　　知道哪些是属于自然的，哪些是属于人为的，这是认知的最高境界。
知道天的所为，就是出于自然的；知道人的作为，是用自己的智慧所知
的，去培养自己的认知所不知的，使人享尽天然的年寿而不至于中途夭
折，这是认知的深远程度了。

　　虽然这样，但是还有问题。知道必定要有所依凭的对象而后才能判
断它是否正确，然而依凭的对象却是变化不定的。怎么知晓我所说的是
属于自然的而不是属于人为的呢？怎么知晓我所说的是人为的不是出于
自然的呢？

　　有真人才能有真知。什么叫做真人呢？古时候的真人，不拒绝微少，
不自认为成功，不图谋琐事；像是这样的人，有过失而不后悔，处理得
当而不得意。像这样的人，登上高处不颤慄，下到水里不会觉的沾湿，
进入火中不觉灼热。这只有认知能升至最高境界的人方才能像这样。

　　古时候的真人，睡觉时不做梦，醒来时不忧愁，吃东西时不求精美，
呼吸时气息深沉。真人的气息是从脚跟运气，而一般人的呼吸用咽喉吐
纳。议论被人屈服时，言语吞吐喉头好像受到阻碍一般；那些嗜好和欲
望太深的人，他天然的灵性就浅薄了。

　　古时候的真人，不知道悦生，不知道恶死；出生不欣喜，入死不拒
绝，无拘无束而去，无拘无束而来而已。不忘掉自己的开始，也不寻求
自己的归宿；事情来了欣然接受，忘掉死生任其复返自然，这就叫做不
用心智去捐助"道"，不用人为的做法去助力于自然。这就叫真人。

　　这样子，他心里忘怀了一切，他的容貌静寂安闲，他的额头宽大恢
宏；冷肃的像秋天一样，温暖的像春天一样，一喜一怒如四时一样的自
然，对任何事物都适宜而无法测知他的底蕴。

133

古时候的真人，神态善良而不同类，好像不足却又无所承受。悠闲自得啊其有棱角而不固执；内心开阔啊其虚怀若谷而不华丽；开明啊似有喜色；举动啊出于不得已；内心充实啊面色可亲；悠闲自得啊安静自己之德；严肃啊其似处世之道；不省人言啊其未可裁；沉默不语啊好像喜欢封闭自己；无心啊忘记其说的话。

道人们喜好是浑然为一的，不喜好也是浑然为一的。不管人们认为浑然为一的或是不浑然为一的，它也都是浑然为一的。认为浑然为一的与天为一类，认为不浑然为一的与人为一类。

【体悟】

（1）"是之谓不以心捐道，不以人助天，是之谓真人"之义

以往对"捐"的解译为由"损"讹为"捐"，实则没有对"道"的深刻理解。这句话的意思是：这就叫做不用心智去捐助"道"，不用人为的做法去助力于自然，这就叫真人。修炼人得"道"用"无为"或"虚其心"或"心斋"的办法。

"不以人助天"是对"不以心捐道"的进一步解释，也就是说明得"道"，不应用人为去"助力"，要顺其自然。

（2）"若然者，其心志，其容寂，其颡頯"之义

这句话的意思是：像这样的人，其内心诚实，其容貌静寂安闲，其质朴虔诚。其实这句话理解起来很简单，但前人应把"志"改为"忘"字。这是他们错误理解了这段话，以为这段话是描述真人进入修身的状态，而实际是描写真人的一般状态。由此可见，"经典"不宜随意"更改"！

（3）"屈服者，其嗌言若哇；其耆欲深者，其天机浅"之义

这句话的意思是：那些降服的人，其喉咙会发出"哇"的惊叹声；那些嗜好和欲望太深的人，其灵性浅薄。这是强调修道之人，要顺其自然，不要"惊叹"、不要"偏爱"。

（4）"古之真人，其状义而不朋，若不足而不承。与乎其觚而不坚

也，张乎其虚而不华也；邴乎其似喜也！崔乎其不得已乎！滀乎进我色也；与乎止我德也；厉乎其似世乎！謷乎其未可制也；连乎其似好闭也，悗乎忘其言也"之义

这段话是描写古之真人的状态和特点，与《道德经》第十五章描述有相同之处。

【原文】

死生，命[1]也，其有夜旦之常[2]，天[3]也。人之有所不得与[4]，皆物之情也。彼特以天为父，而身犹爱之，而况其卓[5]乎！人特以有君为愈[6]乎己，而身犹死之[7]，而况其真[8]乎！

泉涸，鱼相与处于陆，相呴[9]以湿，相濡以沫[10]，不如相忘于江湖。与其誉尧而非桀也，不如两忘而化其道[11]。夫大块载我以形，劳我以生，佚我以老，息我以死。故善吾生者，乃所以善死也[12]。

夫藏舟于壑，藏山[13]于泽，谓之固矣。然而夜半有力者负之而走，昧[14]者不知也。藏小大有宜[15]，犹有所遁[16]。若夫藏天下于天下而不得所遁，是恒[17]物之大情也。特犯人之形而犹喜之。若人之形者，万化而未始有极也，其为乐可胜计邪！[18]故圣人将游于物之所不得遁而皆存。善夭[19]善老，善始善终，人犹效之，又况万物之所系[20]，而一化之所待[21]乎！

夫道，有情有信[22]，无为无形；可传而不可受[23]，可得而不可见[24]；自本自根，未有天地，自古以固存；神鬼神帝[25]，生天生地；在太极之上而不为高[26]，在六极之下而不为深，先天地生而不为久，长于上古而不为老。狶韦氏得之，以挈天地；伏戏氏得之，以袭气母；维斗得之，终古不忒；日月得之，终古不息；堪坏得之，以袭昆仑；冯夷得之，以游大川；肩吾得之，以处大山；黄帝得之，以登云天；颛顼得之，以处玄宫；禺强得之，立乎北极；西王母得之，坐乎少广，莫知其始，莫知其终；彭祖得之，上及有虞，下及五伯；傅说得之，以相武丁，奄有天下，乘东维，骑箕尾，而比于列星[27]。

【注释】

（1）命：自然而不可免者。人力所不得而预，此则天地万物之实理。

（2）常：常规，恒久不易或变化的规律。

（3）天：自然的规律。

（4）与：参与、干预。

（5）卓：卓然独立、块然独处，这里喻指"道"。

（6）愈：胜、超过。

（7）死之：这里讲作"为之而死"，即为国君而献身。

（8）真：这里指"道"。《道德经》第二十一章："道之为物，惟恍惟惚。其精甚真，其中有信。"

（9）呴（xǔ）：慢慢呼气。

（10）相濡以沫：用唾沫互相润湿。濡，湿润。沫，唾沫，即口水。

（11）不如两忘而化其道：不如忘却两者的是非而化育于"道"。化，化育、滋养。

（12）"夫大块载我以形，劳我以生，佚我以老，息我以死。故善吾生者，乃所以善死也。"：这六句与上下文不连贯。在后面子来的对话中有这六句，疑是错简重出，应删去。

（13）山：或说当作"汕"，即渔网。

（14）眛：通假"寐"，睡着的意思。

（15）藏小大有宜：把小的东西藏在大的地方是适宜的。藏小大，即"藏小于大"。宜，合适、适宜。

（16）遯（dùn）："遁"字的异体，亡失。

（17）恒：常有、固有的意思。

（18）"特犯人之形而犹喜之。若人之形者，万化而未始有极也，其为乐可胜计邪？"：此四句与后文子祀、子舆、子梨、子来一节错入，遂使上下文意不连贯，删去就通顺了。

（19）夭：少小的意思，与"老"字互文。

（20）系：关联、连缀。

（21）一化之所待：一切变化之所依待的。即指道。

（22）有情有信：有本性有信验。情，本性。信，信验。

（23）传：心传的意思。

（24）得：这里是指体会、感觉、领悟的意思。

（25）神鬼神帝：鬼神和上帝。

（26）在太极之上而不为高：它在太极之上而不算高。

（27）"狶韦氏得之……而比于列星"学者认为这一节神话，疑是后人添加，亦无深意，应删去。（狶（xī）韦氏：传说中的远古时代的帝王；挈（qiè）：提挈，含有统领、驾驭的含意；伏戏氏：即伏羲氏，传说中的古代帝王；袭：入。气母：元气之母，即古人心目中宇宙万物初始的物质；维斗：北斗星；忒（tè）：差错；堪坏（pēi）：传说中人面兽身的昆仑山神；冯夷：传说中的河神；肩吾：传说中的泰山之神；黄帝：即轩辕氏，传说中的古代帝王，中原各族的始祖；颛顼（zhuān xū）：传说为黄帝之孙，即帝高阳。玄：黑；颛顼又称玄帝，即北方之帝，"玄"为黑色，为北方之色，所以下句说"处玄宫"；禺强：传说中人面鸟身的北海之神；西王母：古代神话中的女神，居于少广山；"五伯"旧指夏伯昆吾、殷伯大彭、豕韦，周伯齐桓、晋文；傅说（yuè）：殷商时代的贤才，辅佐高宗武丁，成为武丁的相，传说傅说死后成了星精，故下句有"乘东维、骑箕尾"之说；奄：覆盖、包括；东维：星名，在箕星、尾星之间；箕、尾：星名，为二十八宿中的两个星座。）

【译文】

　　人的死生是必然而不可避免的，就像永远有黑夜和白天交替一样，这是自然的规律。许多事情是人力所不能干预的，都是事物的本质。人们认为天是生命之父，而终身敬爱它，何况那卓然独立的道呢！人们认为国君势位超越自己，终身为国君效忠，何况那卓然独立的道呢！

泉水干涸了，鱼儿就困在陆地上相互依偎，用湿气互相嘘吸，用唾沫互相润湿，倒不如在江湖里彼此相忘。与其赞誉尧的圣明而非议桀的暴虐，不如忘却两者的是非而化育于道。

把船藏在山谷里，把山藏在深泽里，可以说是十分牢固了，然而夜深人静时造化的大力士还是把它背走了，睡梦中的人们还一点儿也不知晓。把小的东西藏在大的地方是适宜的，但是仍不免于亡失。如果把天下付托给天下，就不会亡失了，这是万物的真实情形。所以圣人要游于不得亡失的境地而和天道共存。对于老少生死都善于安顺的人，人们尚且效法他，又何况那决定着万物生成转化的道呢？

道是真实有信验的，没有作为也没有行迹；可以心传而不可以口授，可以领悟不可以目见；它自身为本为根，没有天地之前，从远古以来就已经存在；它产生了鬼神和上帝，产生了天和地；它在太极之上而不算高，它在六极之下却不算深，先于天地存在而不算久，长于上古不却不算老。狶韦氏得到它，用来整顿天地；伏羲氏得到它，用来调合元气；北斗星得到它，永远不会改变方位；日月得到它，永远运行不息；堪坏（山神）得到它，可以掌管昆仑；冯夷（河神）得到它，可以游于大川；肩吾得到它，可以主持泰山；黄帝得到它，可以登上云天，颛顼得到它，可以居处玄宫；禹强得到它，可以立于北极；西王母得到它，可以安居少广山上。没有人能知晓它年代的始终；彭祖得到它，可以上及有虞的时代，下及到五伯的时代；傅说得到它，可以做辅佐武丁的宰相，统辖整个天下，死后成为天上的星宿，乘驾着东维星和箕尾星，而和众生并列。

【体悟】

（1）"彼特以天为父，而身犹爱之，而况其卓乎！人特以有君为愈乎己，而身犹死之，而况其真乎"之义

这段话解译为：人们认为天为生命之父，而终身敬爱它，何况那超然的"道"呢！人们认为国君势位超越自己，终身为国君效忠，何况那

独立的"道"呢！

这里的"卓""真""独"都指"道"。在其它篇中还有不少"一"字也是指"道"。

"卓"字就是超然独立、高明、高超的意思。《道德经》第二十五章："有物混成，先天地生。寂兮寥兮，独立不改"。《道德经》第二十一章："道之为物，惟恍惟惚……其精甚真，其中有信"。"一"字就是指"道"的别称"混元一气"。

（2）"夫道，有情有信，无为无形；可传而不可受，可得而不可见；自本自根，未有天地，自古以固存；神鬼神帝，生天生地；在太极之先而不为高，在六极之下而不为深，先天地生而不为久，长于上古而不为老"之义

这段话几乎是对《道德经》中部分章节的翻版。如《道德经》第十四章：故混而为一。绳绳兮不可名，复归於无物。是为无状之状，无物之象，是谓惚恍。"

《道德经》第二十一章："孔德之容，惟道是从。道之为物，惟恍惟惚。惚兮恍兮，其中有象；恍兮惚兮，其中有物。窈兮冥兮，其中有精；其精甚真，其中有信。自古及今，其名不去，以阅众甫。吾何以知众甫之状哉？"

139

【原文】

南伯子葵问乎女偊[1]曰："子之年长矣，而色若孺子[2]，何也？"

曰："吾闻道矣。"

南伯子葵曰："道可得学邪？"

曰："恶！恶可！子非其人也。夫卜梁倚有圣人之才而无圣人之道[3]，我有圣人之道而无圣人之才，吾欲以教之，庶几[4]其果为圣乎！不然，以圣人之道告圣人之才，亦易矣。吾犹告而守[5]之，三日而后能外天下[6]；已外天下矣，吾又守之，七日而后能外物[7]；已外物矣，吾又守之，九日而后能外生[8]；已外生矣，而后能朝彻[9]；朝彻，而后能见

独⁽¹⁰⁾；见独，而后能无古今⁽¹¹⁾；无古今，而后能入于不死不生⁽¹²⁾。杀生者不死，生生者不生⁽¹³⁾。其为物⁽¹⁴⁾，无不将也，无不迎也⁽¹⁵⁾；无不毁也，无不成也。其名为撄宁⁽¹⁶⁾。撄宁也者，撄而后成者也。"

南伯子葵曰："子独恶乎闻之？"

曰："闻诸副墨之子，副墨之子闻诸洛诵之孙，洛诵之孙闻之瞻明，瞻明闻之聂许，聂许闻之需役，需役闻之於讴，於讴闻之玄冥，玄冥闻之参寥，参寥闻之疑始⁽¹⁷⁾。"

【注释】

（1）南伯子葵问乎女偊：南伯子葵问女偊。南伯子葵、女偊（yǔ），均为人名。

（2）孺子：幼儿、孩童。

（3）夫卜梁倚有圣人之才而无圣人之道：卜梁倚有圣的才质而没有圣人的根器。卜梁倚，人名。圣人之才，圣人的才质。圣人之道，圣人的根器。

（4）庶几：也许、大概。

（5）守：持守、修守。这里指内心凝寂，持守"静"。

（6）参日而后能外天下：持守三天之后能遗忘身外天下。参，三。外，遗忘。

（7）外物：身外之物。

（8）外生：忘我（自己之生命）。

（9）朝彻：突然间悟道。朝，有朝一日。彻，明彻。

（10）见独：洞见独立无待的"道"。见，现。独，此指"道"。在《道德经》第二十五章说的非常明确："有物混成，先天地生。寂兮寥兮，独立不改。周行而不殆，可以为天地母。吾不知其名，强字之曰道，强为之名曰大。"

（11）无古今：突破时间的限制。

（12）不死不生：不受死生观念拘执的境界。

（13）杀生者不死，生生者不生：大道流行能使万物生息死灭，而他自身
　　　是不死不生的。杀，灭。生，心生动念。

（14）其为物：其为"道"。物，指"道"。

（15）"无不将也，无不迎也"：无不一面有所送，无不一面有所迎。
　　　将，送。

（16）撄宁：扰乱中保持宁静。撄（yīng），扰乱。"撄宁"意思是不受
　　　外界事物的纷扰，保持心境的宁静。

（17）副墨、洛诵、瞻明、聂许、需役、於讴（wū ōu）、玄冥、参寥、
　　　疑始等，均为假托的寓言人物之名。借人物之名阐发其寓
　　　意。其寓意大体是："副墨"指文字，"洛诵"指背诵，"瞻明"指目视明晰，
　　　"聂许"指附耳私语，"需役"指勤行不息，"於讴"指吟咏领会，
　　　"玄冥"指静默，"参寥"指高旷寥远，"疑始"指迷茫之始。

【译文】

　　南伯子葵问女偊说："你的年龄很大了，而容颜如孩童，这是为什
么呢？"

　　女偊说："我得道了。"

　　南伯子葵说："道可以学得到吗？"

　　女偊说："不！不可以！你不是学道的人。卜梁倚有圣人的才质而没
有圣人的根器，我有圣人的根器而没有圣人的才质，我想教他，或许他
可以成为圣人吧！不是这样的，以圣人之道告诉具有圣人才质的人，应
是很容易领悟的。我告诉他持守，持守三天之后能遗忘身外天下，已经
遗忘身外天下，我又告诉他持守，七天之后能遗忘身外之物；已经能遗
忘身外之物，我又告诉他持守，九天之后便能忘我（自己）；已经能忘
我，而后突然间悟达妙道；能够突然间悟达妙道，而后就能感受所期待
的'道'了；已经感受到'道'了，而后就能无时间的概念了；已经能
无时间的概念了，而后便进入无所谓生、无所谓死的境界。灭去心生动
念道就不死，生出心生动念道就不生。道为物，它无不所送，无不所迎；

无不所毁，无不所成，其名叫做撄宁。撄宁的意思就是纷乱后宁静。"

南伯子葵说："你是从哪里听得道呢？"

女偊说："我从副墨（文字）的儿子那里得到的，副墨的儿子从洛诵（背诵）的孙子那里得到的，洛诵的孙子从瞻明（见解明徹）那里得到的，瞻明从聂许（心悟）那里得到的，聂许从需役（践行）那里得到的，需役从於讴（吟咏领会）那里得到的，於讴从玄冥（静默）那里得到的，玄冥从参寥（高旷寂寥）那里听得的，参寥从疑始（迷惑之始）那里得到的。"

【体悟】

（1）"南伯子葵曰："道可得学邪？曰："恶！恶可！子非其人也。夫卜梁倚有圣人之才而无圣人之道，我有圣人之道而无圣人之才""之义

这段话说明，不是所有的人都能学"道"的！学"道"要有圣人的才质，还要有圣人的根器。

（2）"吾犹守而告之，参日而后能外天下；已外天下矣，吾又守之，七日而后能外物；已外物矣，吾又守之，九日而后能外生；已外生矣，而后能朝彻；朝彻，而后能见独；见独，而后能无古今；无古今，而后能入于不死不生……撄而后成者也"之义

这段话是对学道的经验和体验的详细描述。持守"静"或"丹田"，三天后、继续持守七天后、继续持守九天后，这样二十多天后或近一个月左右的时间，就能达到"物我两忘"的境地——"入道"了；而后突然间悟达妙道；能够突然间悟达妙道，而后就能感受所期待的'道'了。这样看来，修炼一个多月就能感受到"道"，这也是一般人都能实现的。具体修炼的人，因为悟性、心诚等素质的差异，在自己体内感受到"道"，也将有一定时间的差异，但七个阶段的规律基本是相同的。

【原文】

子祀、子舆、子犁、子来⁽¹⁾四人相与语曰："孰能以无为首，以生为脊，以死为尻⁽²⁾，孰知死生存亡之一体者，吾与之友矣。"四人相视而笑，莫逆于心⁽³⁾，遂相与为友。

俄而子舆有病，子祀往问⁽⁴⁾之。曰："伟哉夫造物者⁽⁵⁾，将以予为此拘拘也⁽⁶⁾！"曲偻发背⁽⁷⁾，上有五管，颐隐于齐⁽⁸⁾，肩高于顶，句赘⁽⁹⁾指天。阴阳之气有沴⁽¹⁰⁾，其心闲而无事，跰𨇤⁽¹¹⁾而鑑于井，曰："嗟乎！夫造物者又将以予为此拘拘也！"

子祀曰："女恶之⁽¹²⁾乎？"

曰："亡⁽¹³⁾，予何恶！浸假⁽¹⁴⁾而化予之左臂以为鸡，予因以求时夜⁽¹⁵⁾；浸假而化予之右臂以为弹，予因以求鸮炙⁽¹⁶⁾；浸假而化予之尻以为轮，以神为马，予因以乘之，岂更驾哉！且夫得者，时也，失者，顺也；安时而处顺，哀乐不能入也。此古之所谓县解⁽¹⁷⁾也。而不能自解者，物有结之。且夫物不胜天久矣，吾又何恶焉！"

俄而子来有病，喘喘然将死，其妻子⁽¹⁸⁾环而泣之。子犁往问之，曰："叱！避！无怛⁽¹⁹⁾化！"倚其户与之语曰："伟哉造化！又将奚以汝为，将奚以汝适？以汝为鼠肝乎？以汝为虫臂乎？"

子来曰："父母于子，东西南北，唯命之从。阴阳⁽²⁰⁾于人，不翅于父母⁽²¹⁾；彼近吾死而我不听，我则悍矣，彼何罪焉！夫大块载我以形，劳我以生，佚我以老，息我以死。故善⁽²²⁾吾生者，乃所以善吾死也。今之大冶铸金⁽²³⁾，金踊跃曰'我且必为镆铘⁽²⁴⁾'，大冶必以为不祥之金。今一犯人之形，而曰'人耳人耳'，夫造化者必以为不祥之人。特犯人之形而犹喜之。若人之形者，万化而未始有极也，其为乐可胜计邪⁽²⁵⁾？今一以天地为大炉，以造化为大冶，恶乎往而不可哉！"成然寐⁽²⁶⁾，蘧然觉⁽²⁷⁾。

【注释】

（1）子祀、子舆、子犁、子来：寓言故事中假托虚构的人名。

（2）尻（kāo）：脊骨最下端，尾、终之义。

（3）莫逆于心：内心相契、心照不宣。

（4）问：拜访、问候。

（5）造物者：指道。

（6）拘拘也：形容曲屈不伸的样子。

（7）曲偻发背：弯腰驼背。

（8）颐隐于齐：面颊隐藏在肚脐之下。颐（yí），面颊。齐，同"脐"，脐肚之义。

（9）句（jì）赘：发髻。

（10）沴（lì）：陵乱。

（11）跰𨇖（pián xiān）：蹒跚，行步倾倒不稳的样子。

（12）恶（wù）：厌恶。

（13）亡：通作"无"，"没有"的意思。

（14）浸假：假使。浸，渐渐。假，假令。

（15）时夜：司夜，即报晓的公鸡。

（16）鸮炙：即烤熟的斑鸠肉。鸮（xiāo），斑鸠。炙（zhì），烤熟的肉。"鸮炙"即烤熟的斑鸠肉。

（17）县（xuán）解：本义为解脱"倒悬"之苦，此喻为解脱了束缚。县，悬。

（18）妻子：妻子儿女。

（19）怛（dá）：惊扰。

（20）阴阳：指人体阴阳之气。

（21）不翅于父母：无异于父母。翅，同"啻（chì）"，止、只。

（22）祥：善。

（23）大冶铸金：铁匠正在铸造金属器皿。大冶，指熔炼金属高超的工匠。冶，熔炼金属。金，金属。

（24）镆铘：亦作"莫邪"，宝剑名。相传春秋时代干将、莫邪夫妇两人为楚王铸剑，三年剑成，雄剑取名为"干将"，雌剑取名为"莫邪"。

（25）"特犯人之形而犹喜之。若人之形者，万化而未始有极也，其为乐可胜计邪"：此段话原在上文第二大段，依照王孝鱼《庄子内篇新解》之说移此，文意语气前后贯通。犯，承受。一说通作"范"，模子的意思。胜（shēng），禁得起。

（26）成然寐：酣睡。成然，安闲熟睡的样子。寐，睡着，这里实指死亡。

（27）蘧然觉：又好像自在地醒来回到人间。蘧（qú）然，惊喜的样子。觉，睡醒，这里喻指生还。

【译文】

子祀、子舆、子犁、子来四个人在一块谈说："谁能把'无'当作头，把'生'当作脊柱，把'死'当作尻尾，谁能通晓生死存亡是一体的，我们就和他交朋友。"四个人都会心地相视而笑，内心相契，就一同做了朋友。

不久子舆生病了，子祀去看他。子舆说："伟大啊！造物者，把我变成这么一个曲屈不伸的人啊！"子祀腰弯背驼，五脏血管朝上，面颊隐藏在肚脐之下，肩膀高过头顶，颈后发髻朝天。阴阳二气错乱不和，可是他心中闲适而若无其事，他蹒跚地来到井边照见自己的影子，说："哎呀！造物者竟把我变成这样一个曲屈不伸的人啊！"

子祀说："你嫌恶吗？"

子舆说："不，我为什么嫌恶！假使造物者把我的左臂变成公鸡，我就用它来报晓；假使造物者把我的右臂变成弹弓，我就用它去打斑鸠烤了吃；假使造物者把我的臀部变成车轮，把我的精神化为马，我就乘着它走，哪里还用另外的车马呢！再说人的得生，乃是适时；死去，乃是顺应。能够安于适时而处之顺应的人，悲哀和欢乐的情绪就不会侵入到心中，这就是古人所说的解脱束缚。那些不能自我解脱的人，是被外物束缚住的。人力不能胜天由来已久，我又有什么嫌恶的呢？"

　　不久子来也生了病，喘气急促快要死去了，他的妻子儿女围着哭泣。子犁去探望他，对子来的家属说："去，走开！不要惊扰他由生而死的变化！"子犁靠着门向子来说："伟大啊！造物者，又要把你变成什么东西，要把你送到何方？把你变化成老鼠的肝吗？把你变化成小虫的臂膀吗？"

　　子来说："子女对于父母，无论要到东西南北，都是听从吩咐。阴阳对于人，无异于父母；它要我死，而我不听从，我就悖违不顺，它有什么罪过呢？大自然给我形体，用生使我勤劳，用老使我清闲，用死使我安息。所以把我的存在看作是好事，也因此可以把我的死亡看作是好事。譬如现在有一个铁匠正在铸造金属器皿，那金属熔解后跃起说：'一定要把我造成良莫邪宝剑'，铁匠必定认为这是不祥的金属。现在造化者开始铸造人的形体，那模型就喊着'变成人，变成人'，造化者必定会认为这是不详的人。人们只获得形体就欣然自喜。如果知道人的形体，千变万化而未曾有穷尽，那么这种欢乐可以计算的清吗？如果现在就开始把天地当作大熔炉，把造化看作打铁匠，那么到哪里而不可呢！"子来说完话，酣然睡去，又自在的醒来。

146

【原文】

　　子桑户、孟子反、子琴张三人相与语(1)，曰："孰能相与于无相与(2)，相为于无相为(3)？孰能登天游雾(4)，挠挑无极(5)；相忘以生，无所终穷？"

　　三人相视而笑，莫逆于心，遂相与为友。

　　莫然有间(6)而子桑户死，未葬。孔子闻之，使子贡往侍事(7)焉。或编曲，或鼓琴，相和而歌曰："嗟来(8)，桑户乎！嗟来，桑户乎！而已反其真(9)，而我犹为人猗(10)！"子贡趋而进曰："敢问临尸而歌，礼乎？"

　　二人相视而笑曰："是恶知礼意！"

　　子贡反，以告孔子，曰："彼何人者邪？修行无有(11)，而外其形骸(12)，临尸而歌，颜色不变，无以命之(13)，彼何人者邪？"

孔子曰："彼，游方之外⁽¹⁴⁾者也；而丘，游方之内者也。外内不相及，而丘使女往吊之，丘则陋矣。彼方且与造物者为人⁽¹⁵⁾，而游乎天地之一气⁽¹⁶⁾。彼以生为附赘县疣⁽¹⁷⁾，以死为决肒⁽¹⁸⁾溃痈，夫若然者，又恶知死生先后之所在！假于异物⁽¹⁹⁾，托于同体；忘其肝胆，遗其耳目；反覆终始，不知端倪；芒然彷徨乎尘垢之外⁽²⁰⁾，逍遥乎无为之业⁽²¹⁾。彼又恶能愦愦⁽²²⁾然为世俗之礼，以观⁽²³⁾众人之耳目哉！"

子贡曰："然则夫子何方⁽²⁴⁾之依？"

孔子曰："丘，天之戮民⁽²⁵⁾也。虽然，吾与汝共之。"

子贡曰："敢问其方。"

孔子曰："鱼相造乎水，人相造⁽²⁶⁾乎道。相造乎水者，穿池而养给⁽²⁷⁾；相造乎道者，无事而生定⁽²⁸⁾。故曰，鱼相忘乎江湖，人相忘乎道术。"

子贡曰："敢问畸人。"

曰："畸人⁽²⁹⁾者，畸于人而侔⁽³⁰⁾于天。故曰，天之小人，人之君子；天之君子，人之小人也。"

【注释】

（1）子桑户、孟子反、子琴张三人相与语：子桑户、孟子反、子琴张三人相交为友。"子桑户、孟子反、子琴张"，假托的人名。

（2）相与于无相与：形容相交而出于自然。

（3）相为于无相为：形容相助而不著形迹。

（4）登天游雾：形容精神超然物外。

（5）挠挑无极：跳跃于无极。挠挑，搅动。挠，扰、搅。挑、拨弄、引动。无极，指"道"。如《道德经》第二十八章："知其雄，守其雌，为天下溪。为天下溪，常德不离，复归於婴儿。知其白，守其黑，为天下式。为天下式，常德不忒，复归於无极。"

（6）莫然有间：顷刻之间、忽然间。

（7）侍事：帮助办理丧事。

（8）嗟来：嗟，叹息、感叹。"来"，返回、归。

（9）而已反其真：你已经返归本真。而，你。反其真，意思就是返归自然。反，返回。真，本真。

（10）猗（yī）：用于句末，相当于"啊"。

（11）修行无有：言不修饰礼文。

（12）外其形骸：以其形骸为外，把自身的形骸置之度外，意思是不把死亡当作一件大事。

（13）无以命之：即无以名之。名，称述。

（14）方之外：方域之外，形容超脱礼教之外，不受礼教的束缚。

（15）为人：为偶，即相互做为伴侣。人，偶；

（16）一气：混元一气、道。

（17）附赘县疣：喻指多余的东西。县（xuán），悬。疣（yóu），同"瘤"。

（18）决疣溃痈：指毒疮化浓而破溃。疣（huán）、痈（yōng），均为毒疮。

（19）假于异物：凭借于道。假，凭借。异物，指"道"。

（20）芒然彷徨乎尘垢：茫然彷徨于尘世之外。芒然，即茫然。彷徨，犹豫不决。尘垢，这里喻指人世。

（21）无为之业：修行的事业。无为，指"修行"。

（22）愦愦（kuì）然：烦乱的样子。

（23）观：显示、炫耀。

（24）方：方域。

（25）天之戮民：意思是受到自然惩罚的人，即摆脱不了方内束缚的人。戮，刑戮。

（26）造：往、适。

（27）养给：即给养充裕。给，给予。

（28）生定："生"通"性"。"生定"，性分静定而安乐。

（29）畸（jī）人：即奇人，这里指不合于俗的人。

（30）侔（móu）：齐同。

【译文】

子桑户、孟子反、子琴张三个友人在一起谈话说："谁能够相互交往于无心之中，相互有所帮助却像没有帮助一样？谁能超然于物外，跳跃于无极之中；忘了生死，而没有穷极？"三人会心地相视而笑，内心相契，就一同做了朋友。

过了不久子桑户死了，还没有下葬。孔子听到了，就叫弟子子贡前去帮助料理丧事。子贡看到一个在编歌曲，一个在弹琴，二人相互应和着："哎呀桑户啊！哎呀桑户啊！你已经返归本真了，而我们还在做凡人的事情啊！"

子贡赶到他们近前说："请问对着尸体唱歌，合乎礼仪吗？"

二人相视笑笑说："他哪里懂得礼的真实含意！"

子贡回去后，把见到的情况告诉给孔子，问说："他们是什么人啊，不用礼义来修饰德行，把自身的形骸置身于度外，对着尸体唱歌，无悲哀之色，简直无法形容，他们究竟是什么样的人啊！"

孔子说："他们是些游于方域（礼仪）约束之外的人，我是游于方域之内的人。方域之外与方域之内彼此不相及，而我竟然叫你前去吊唁，这是我的浅薄呀！他们与造物者结为伴侣，而遨游于天地之间。他们把生命看作是气的凝结，像身上的赘瘤一样多余，他们把人的死亡看作是气的消散，像毒痈化脓后的溃破，像这样，又怎么会知晓死生先后的分别呢！凭借异物（道），聚合而成一个形体；忘掉体内的肝胆，遗忘外面的耳目；让生命随着自然而循环变化，不纠结他们的分际；安闲无神游于尘世之外，逍遥自在于自然的境地。他们又怎么能不厌烦地拘守世俗的礼节，表演给众人观看呢！"

子贡说："那么先生将依从那一方呢？"

孔子说："从自然的道理来看我就像受着刑罚的人。虽然这样，我们应该共同去追求至高无尚的'道'"

子贡问："请问追求'道'有什么方法。"

孔子说："鱼争相投水，人争相求道。争相投水的鱼，掘地成池来供给；争相求道的人，心中无事就会专注安宁。所以说，鱼游于江湖之中就忘记一切而悠悠哉哉，人游于大道之中就忘了一切而逍遥自适。"

子贡说："请问那些不合于俗的异人是什么人。"

孔子说："异人是不同于世俗而又应和于自然的人。所以说，从自然的观点看来是小人的，却成为人世间的君子；从自然的观点来看是君子的，却成为人间的小人。"

【原文】

颜回问仲尼曰："孟孙才⁽¹⁾，其母死，哭泣无涕，中心不戚⁽²⁾，居丧不哀。无是三者，以善处丧盖⁽³⁾鲁国。固⁽⁴⁾有无其实而得其名者乎？回壹⁽⁵⁾怪之。"

仲尼曰："夫孟孙氏尽之矣，进⁽⁶⁾于知矣。唯简之而不得，夫已有所简矣。孟孙氏不知所以生，不知所以死；不知孰先⁽⁷⁾，不知孰后；若化⁽⁸⁾为物，以待其所不知之化已乎！且方将化，恶知不化哉？方将不化，恶知已化哉？吾特与汝，其梦未始觉者邪！且彼有骇形而无损心⁽⁹⁾，有旦宅而无耗精⁽¹⁰⁾。孟孙氏特觉，人哭亦哭，是自其所以乃⁽¹¹⁾。且也相与吾之耳⁽¹²⁾矣，庸讵知吾所谓吾之非吾乎？且汝梦为鸟而厉⁽¹³⁾乎天，梦为鱼而没于渊。不识今之言者，其觉者乎，其梦者乎？造适不及笑⁽¹⁴⁾，献笑不及排⁽¹⁵⁾，安排而去化⁽¹⁶⁾，乃入于寥天一⁽¹⁷⁾。"

【注释】

（1）孟孙才：复姓孟孙，名才。

（2）中心不戚：心中不觉悲伤。心中。戚，悲痛。

（3）盖（gài）：覆。

（4）固：竟、难道。

（5）壹：壹心、专一。

（6）进：胜、超过。

（7）不知孰先：不知生死谁占先。就，趋近、追求。先，这里实指"生"，与下句"后"字实指"死"相应。

（8）若化：顺应自然变化。若，顺。

（9）有骇形而无损心：人有形体的变化而没有心神的损伤。古人认为人形体死而心神不死。心，心神。

（10）有旦宅而无耗精：有躯体的变化而没有精神的死亡。旦，神。如《礼·郊特牲》："所以交于旦明之义也。"注：旦当为神。宅，喻神的寓所。

（11）乃：如此。

（12）相与吾之耳：互相称说这是我。

（13）厉：疾飞。如《汉书·息夫躬传》："鹰隼横厉。"

（14）造适不及笑：形容内心达到适意的境界。造，达到。适，适意。

（15）献笑不及排：从内心自然地发出笑声而来不及事先安排。献，发出。排，安排。

（16）安排而去化安于自然的推移而顺应变化。

（17）寥天一：即道。

【译文】

　　颜回问孔子说："孟孙才的母亲死了，他哭泣时没有一滴眼泪，心中不觉悲伤，居丧时不哀痛。没有眼泪、悲伤、哀痛这三点，可是却因善于处理丧事而名扬鲁国。难道真会有无具其实而有虚名的情况吗？我觉得很奇怪。"

　　孔子说："孟孙氏已经尽了居丧之道，大大超过了懂得丧葬礼仪的人。丧事应该简化，只是世俗原因无法做到，然而他已经做到从简办理丧事了。孟孙才不知晓什么是生，不知晓什么是死；不知生死谁占先，不知生死谁居后；他顺任自然的变化，以应对那不可知的变化而已！再说如今将要变化，怎么知晓那不变化的情形呢？如今未曾变化，怎么会知晓那已经变化的情形呢？我和你现在正在做梦，还没有觉醒过来呀！孟孙氏认为，人有形体的变化而没有心神的损伤；有躯体的变化而没有精神的死亡。唯独孟孙觉醒，人家哭他也跟着哭，这就是他所以那个样子的原因了。世人互相称说这是我，然而哪里知晓我所谓我果真不是我呢！像你梦作鸟在天空中飞翔，梦作鱼在水底游玩。不知晓现在谈话的我们，算是醒着呢？还是做梦呢？形容内心达到适意的境界却来不及笑出来，从内心自然地发出笑声而来不及事先安排。安于自然的推移而顺应变化，就可进入到寂寥虚空'道'的境界。"

【原文】

意而子[1]见许由。许由曰："尧何以资[2]汝？"

意而子曰："尧谓我：'汝必躬服[3]仁义而明言是非。'"

许由曰："而奚来为轵[4]？夫尧既已黥[5]汝以仁义，而劓[6]汝以是非矣，汝将何以游夫遥荡姿睢转徙之涂[7]乎？"

意而子曰："虽然，吾愿游于其藩[8]。"

许由曰："不然。夫盲者无以与乎眉目颜色之好，盲者无以与乎青黄黼黻之观[9]。"

意而子曰："夫无庄[10]之失其美，据梁[11]之失其力，黄帝之亡其知，皆在炉捶[12]之间耳。庸讵知夫造物者之不息[13]我黥而补我劓，使我乘成[14]以随先生邪？"

许由曰："噫！未可知也。我为汝言其大略。吾师[15]乎！吾师乎！齑万物而不为义[16]，泽[17]及万世而不为仁，长于上古而不为老，覆载天地刻雕众形而不为巧，此所游已。"

【注释】

（1）意而子：虚拟的人名。

（2）资：资助、教益。

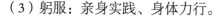

（3）躬服：亲身实践、身体力行。

（4）而奚来为轵：你还来我这里干什么。而，你。轵（zhǐ），同"只"，句末语气词用法。

（5）黥（qíng）：古代的一种刑法，用刀在受刑人的额上刺刻，而后以墨涂之，也叫墨刑。

（6）劓（yì）：古代的一种刑法，割去了受刑人的鼻子。

（7）遥荡恣睢转徙之涂：逍遥放荡无拘无束地游于变化的边缘。遥荡，逍遥游荡。恣睢，放任不拘。转徙，变化。

（8）藩：篱笆，这里喻指受到一定约束的境域。

（9）盲者无以与乎青黄黼黻之观：瞎子无从欣赏彩色锦绣的华丽。瞽（gǔ），瞎眼。与，赞许、赏鉴。黼黻（fǔ fú），古代礼服上绣制的花纹。

（10）无庄：古时美人，没有装饰的意思。

（11）据梁：古时勇夫，寓含强梁之意。

（12）炉捶：冶炼锻打。

（13）息：养息。

（14）乘成：形体完整。乘，载。成，备。

（15）师：尊崇、效法、以之为师。这里的"师"指"道"。

（16）鳌（jī）万物而不为义：调和万物而不以为义。鳌，和。

（17）泽：恩泽。

【译文】

　　意而子去见许由。许由说："尧教你什么了？"

　　意而子说："尧对我说：'你一定要实行仁义而明辨是非。'"

　　许由说："你还来我这里干什么呢？尧既已用'仁义'给你行黥刑，用'是非'给你行劓刑，你怎么能够逍遥放荡无拘无束地游于变化的边缘呢？"

　　意而子说："虽然这样，我还是希望能游于这个境界的边缘。"

许由说:"不行。瞎子无从欣赏眉目容颜的美好,盲人无从欣赏彩色锦绣的华丽。"

意而子说:"无庄忘记自己的美丽,据梁忘记自己的力气,黄帝忘记自己的聪明,都是在道的陶冶锻炼中而成的。怎么知晓那造物者不会护养我受黥刑的伤痕,修补我受劓刑所残缺的鼻子,使我形体恢复完整,而跟随先生呢?"

许由说:"唉!这是不可知的啊!不过我说个大概给你听听:我的大宗师啊!我的大宗师啊!化育万物却不以为义,恩泽万世却不以为仁,长于上古却不算老,覆天载地、雕刻各种物体的形象却不以为灵巧,这就是游心的境界啊!"

【体悟】

"吾师乎!吾师乎!整万物而不为义,泽及万世而不为仁,长于上古而不为老,覆载天地刻雕众形而不为巧,此所游已"之义

这段话解译为:我的大宗师啊!我的大宗师啊!化育万物却不以为义,恩泽万世却不以为仁,长于上古却不算老,覆天载地、雕刻各种物体的形象却不以为灵巧,这就是游心的境界啊!"

这段话是对"道"的尊崇、效法、以其为师。这也是对本篇题目"大宗师"的解译及收尾呼应。

154

【原文】

颜回曰:"回益[1]矣。"

仲尼曰:"何谓也?"

曰:回忘礼乐[2]矣。"

曰:"可矣,犹未也。"

他日,复见,曰:"回益矣。"

曰:"何谓也?"

曰："回忘仁义矣。"

曰："可矣，犹未也。"

他日，复见，曰："回益矣。"

曰："何谓也?"

曰："回坐忘⁽³⁾矣。"

仲尼蹴然⁽⁴⁾曰："何谓坐忘?"

颜回曰："堕⁽⁵⁾肢体，黜⁽⁶⁾聪明，离形去⁽⁷⁾知，同于大通⁽⁸⁾，此谓坐忘。"

仲尼曰："同则无好⁽⁹⁾也，化则无常⁽¹⁰⁾也，而果其贤乎！丘也请从而后也。"

【注释】

（1）益：多、增加、进步。

（2）回忘礼乐：安适状态的心境。"礼乐"今本作"仁义"。当与后面的互换，忘掉"礼乐"进一步才可能是忘掉"仁义"。

（3）坐忘：端坐静心而物我两忘。

（4）蹴（cù）然：惊奇不安的样子。

（5）堕：落。

（6）黜：退除。

（7）去：抛弃。

（8）大通：一切无碍。同，本义指合力、会合。通，畅。《尔雅》："四时和为通正"。《注》通，平畅也。

（9）同则无好：和同万物就没有偏好。

（10）化则无常：参与变化而不同执滞。

【译文】

颜回说："我进步了。"

孔子说："你的进步指的是什么?"

颜回说："我安然相忘于礼乐了。"

孔子说："很好，但是还不够。"

过了几天，颜回再又见孔子说："我进步了。"

孔子说："你的进步指的是什么？"

颜回说："我安然相忘于仁义了。"

孔子说："很好，但是还不够。"

过了几天，颜回又见孔子说："我进步了。"

孔子说："你的进步指的是什么？"

颜回说："我坐忘了。"

孔子惊奇地说："什么叫'坐忘'？"

颜回说："落下肢体，退除聪明，不想自己的形体去掉智慧，合力于身心通畅，这就叫'坐忘'。"

孔子说："合力坐忘则没有偏好，化育万物则没有平常之心。你果真是个贤人啊！我愿追随你的后边。"

【体悟】

"堕肢体，黜聪明，离形去知，同于大通，此谓坐忘"之义

这段话解译为："落下肢体，退除聪明，离（不想）自己的形体去掉智慧，合力于身心通畅，这就叫'坐忘'。"

"坐忘"一词是庄子的创造，实际就是修炼静功的"坐功"，静功可分为"站功"、"坐功"、"卧功"等，而"坐功"是修炼静功的最佳方式。

156

【原文】

子舆与子桑友，而霖雨⑴十日。子舆曰："子桑殆病⑵矣！"裹饭⑶而往食之。至子桑之门，则若歌若哭，鼓琴曰："父邪！母邪！天乎！人乎！"有不任其声而趋举其诗⑷焉。

子舆入，曰："子之歌诗，何故若是？"

曰："吾思夫使我至此极者而弗得也。父母岂欲吾贫哉？天无私覆，地无私载，天地岂私贫我哉？求其为之者而不得也。然而至此极者，命也夫！"

【注释】

（1）霖雨：连绵不断地下雨。霖，阴雨三日以上。

（2）殆病：恐怕要饿倒了。殆，恐怕、大概。病，此指困乏潦倒。

（3）裹饭：用东西包着饭食。食之：给他吃。"食"字旧读去声。

（4）有不任其声而趋举其诗：歌声微弱而急促。趋举其诗：诗句急促，不成调子。趋，通作"促"。不任，不堪、不胜。

【译文】

子舆和子桑是好朋友，连绵的阴雨下了十日。子舆说："子桑恐怕要饿倒了吧！"于是就包着饭食前去给他吃。来到子桑门前，就听到里面又像唱歌，又好像在哭泣，还弹着琴唱着："父亲啊！母亲啊！天啊！人啊！"歌声微弱而急促。

子舆走进屋子，说："你唱诗歌，为什么这种调子？"

子桑说："我正想着使我到这般贫困地步而不得解的原因。父母难道会希望我贫困吗？苍天没有偏私地覆盖着整个大地，大地没有偏私地托载着所有生灵，天地哪里单单会使我贫困呢？追究使我贫困的道理而得不出来，然而我到这般绝境，这就是'命'吧！"

【本篇小结】

题目《大宗师》的含义。"宗"指敬仰、尊崇、以之为师。"大宗师"意思是宗大道为师。"大宗师"前人主要有两种解释，一种是指"达于道之人"；另一种是指"道"。从全篇内容看，后一种解释是正确的。最关键重要的对话，许由曰："吾师乎！吾师乎！齑万物而不为义，泽及万世而不为仁，长于上古而不为老，覆载天地刻雕众形而不为巧，此所游已。"

全文可分为九个部分。第一部分，认知哪些是属于自然所为的，认知哪些是属于人为的，体现了庄子天人合一的观念，表达了人和宇宙的一体感，即人对宇宙的认同感和融合感。能了解人与自然这种关系的便是真人，并对真人进行了细致的描述。第二部分，人的死生是自然的规律，用鱼儿"相濡以沫""藏舟于壑，藏山于泽"的寓言，阐明自然的规律无法避免，应该顺任自然，在自然中求得生命的安顿。第三部分，借南伯子葵和女偊的对话，阐述学道的进程。第四部分，说明"道"的无形和无限性。第五部分，子桑户、孟子反、子琴张三个友人在一起谈话：人的死生存亡实为一体，无法逃避，因而应"安时（安于时运，安定时势）而处顺"。第六部分，孟孙才善于处理丧事，他能了解生死的真相，不被儒家的纲常所束缚。第七部分由意而子与许由的对话，指责尧以仁义是非黥人，是对儒家传统主义的道德观念的批判。第八部分，论述"坐忘"的离形去智、同于大通的入"道"方法。第九部分，由子桑的困境，说明人要安于自然的变化。

158

【本篇原文】

（第一部分）

知天之所为，知人之所为者，至矣。知天之所为者，天而生也；知人之所为者，以其知之所知，以养其知之所不知，终其天年而不中道夭者，是知之盛也。

虽然，有患。夫知有所待而后当，其所待者特未定也。庸讵知吾所谓天之非人乎？所谓人之非天乎？

且有真人而后有真知。何谓真人？古之真人，不逆寡，不雄成，不谟士。若然者，过而弗悔，当而不自得也；若然者，登高不栗，入水不濡，入火不热。是知之能登假于道者也若此。

古之真人，其寝不梦，其觉无忧，其食不甘，其息深深。真人之息以踵，众人之息以喉。屈服者，其嗌言若哇。其耆欲深者，其天机浅。

古之真人，不知说生，不知恶死；其出不䜣，其入不距；翛然而往，翛然而来而已矣。不忘其所始，不求其所终；受而喜之，忘而复之，是之谓不以心捐道，不以人助天。是之谓真人。

若然者，其心志，其容寂，其颡頯；凄然似秋，煖然似春，喜怒通四时，与物有宜而莫知其极。

故圣人之用兵也，亡国而不失人心；利泽施乎万世，不为爱人，故乐通物，非圣人也；有亲，非仁也；天时，非贤也；利害不通，非君子也；行名失己，非士也；亡身不真，非役人也。若狐不偕、务光、伯夷、叔齐、箕子、胥余、纪他、申徒狄，是役人之役，适人之适，而不自适其适者也。

古之真人，其状义而不朋，若不足而不承；与乎其觚而不坚也，张乎其虚而不华也；邴邴乎其似喜也！崔乎其不得已也！滀乎进我色也，与乎止我德也；厉乎其似世乎！謷乎其未可制也；连乎其似好闭也，悗乎忘其言也。以刑为体，以礼为翼，以知为时，以德为循。以刑为体者，绰乎其杀也；以礼为翼者，所以行于世也；以知为时者，不得已于事也；以德为循者，言其与有足者至于丘也；而人真以为勤行者也。故其好之也一，其弗好之也一。其一也一，其不一也一。其一与天为徒，其不一与人为徒。天与人不相胜也，是之谓真人。

（第二部分）

死生，命也，其有夜旦之常，天也。人之有所不得与，皆物之情也。彼特以天为父，而身犹爱之，而况其卓乎！人特以有君为愈乎己，而身犹死之，而况其真乎！

泉涸，鱼相与处于陆，相呴以湿，相濡以沫，不如相忘于江湖。与其誉尧而非桀也，不如两忘而化其道。夫大块载我以形，劳我以生，佚我以老，息我以死。故善吾生者，乃所以善死也。

夫藏舟于壑，藏山于泽，谓之固矣。然而夜半有力者负之而走，昧者不知也。藏小大有宜，犹有所遁。若夫藏天下于天下而不得所遁，是恒物之大情也。特犯人之形而犹喜之。若人之形者，万化而未始有极也，其为乐可胜计邪！故圣人将游于物之所不得遁而皆存。善夭善老，善始善终，人犹效之，又况万物之所系，而一化之所待乎！

夫道，有情有信，无为无形；可传而不可受，可得而不可见；自本自根，未有天地，自古以固存；神鬼神帝，生天生地；在太极之上而不为高，在六极之下而不为深，先天地生而不为久，长于上古而不为老。狶韦氏得之，以挈天地；伏戏氏得之，以袭气母；维斗得之，终古不忒；日月得之，终古不息；堪坏得之，以袭昆仑；冯夷得之，以游大川；肩吾得之，以处大山；黄帝得之，以登云天；颛顼得之，以处玄宫；禺强得之，立乎北极；西王母得之，坐乎少广，莫知其始，莫知其终；彭祖得之，上及有虞，下及五伯；傅说得之，以相武丁，奄有天下，乘东维，骑箕尾，而比于列星。

（第三部分）

南伯子葵问乎女偊曰："子之年长矣，而色若孺子，何也？"

曰："吾闻道矣。"

南伯子葵曰："道可得学邪？"

曰："恶！恶可！子非其人也。夫卜梁倚有圣人之才而无圣人之道，我有圣人之道而无圣人之才，吾欲以教之，庶几其果为圣人乎！不然，以圣人之道告圣人之才，亦易矣。吾犹告而守之，三日而后能外天下；已外天下矣，吾又守之，七日而后能外物；已外物矣，吾又守之，九日而后能外生；已外生矣，而后能朝彻；朝彻，而后能见独；见独，而后能无古今；无古今，而后能入于不死不生。杀生者不死，生生者不生。其为物，无不将也，无不迎也；无不毁也，无不成也。其名为撄宁。撄宁也者，撄而后成者也。"

南伯子葵曰："子独恶乎闻之？"

曰："闻诸副墨之子，副墨之子闻诸洛诵之孙，洛诵之孙闻之瞻明，瞻明闻之聂许，聂许闻之需役，需役闻之於讴，於讴闻之玄冥，玄冥闻之参寥，参寥闻之疑始。"

（第四部分）

子祀、子舆、子犁、子来四人相与语曰："孰能以无为首，以生为脊，以死为尻，孰知死生存亡之一体者，吾与之友矣。"四人相视而笑，莫逆于心，遂相与为友。

俄而子舆有病，子祀往问之。曰："伟哉夫造物者，将以予为此拘拘也！曲偻发背，上有五管，颐隐于齐，肩高于顶，句赘指天。"阴阳之气有沴，其心闲而无事，跰𨂲而鑑于井，曰："嗟乎！夫造物者又将以予为此拘拘也！"曲偻发背，上有五管，颐隐于齐，肩高于顶，句赘指天。阴阳之气有沴，其心闲而无事，跰𨂲而鑑于井，曰："嗟乎！夫造物者又将以予为此拘拘也！"

子祀曰："女恶之乎？"

曰："亡，予何恶！浸假而化予之左臂以为鸡，予因以求时夜；浸假而化予之右臂以为弹，予因以求鸮炙；浸假而化予之尻以为轮，以神为马，予因以乘之，岂更驾哉！且夫得者，时也，失者，顺也；安时而处顺，哀乐不能入也。此古之所谓县解也。而不能自解者，物有结之。且夫物不胜天久矣，吾又何恶焉！"

俄而子来有病，喘喘然将死，其妻子环而泣之。子犁往问之，曰："叱！避！无怛化！"倚其户与之语曰："伟哉造化！又将奚以汝为，将奚以汝适？以汝为鼠肝乎？以汝为虫臂乎？"

子来曰："父母于子，东西南北，唯命之从。阴阳于人，不翅于父母；彼近吾死而我不听，我则悍矣，彼何罪焉！夫大块载我以形，劳我以生，佚我以老，息我以死。故善吾生者，乃所以善吾死也。今之大冶铸金，金踊跃曰'我且必为镆铘'，大冶必以为不祥之金。今一犯人之形，而曰'人耳人耳'，夫造化者必以为不祥之人。特犯人之形而犹喜之。若人之形者，万化而未始有极也，其为乐可胜计邪？今一以天地为大炉，以造化为大冶，恶乎往而不可哉！"成然寐，蘧然觉。

（第五部分）

子桑户、孟子反、子琴张三人相与语，曰："孰能相与于无相与，相为于无相为？孰能登天游雾，挠挑无极；相忘以生，无所终穷？"三人相视而笑，莫逆于心，遂相与为友。

莫然有间而子桑户死，未葬。孔子闻之，使子贡往侍事焉。或编曲，或鼓琴，相和而歌曰："嗟来，桑户乎！嗟来，桑户乎！而已反其真，而我犹为人猗！"子贡趋而进曰："敢问临尸而歌，礼乎？"二人相视而笑曰："是恶知礼意！"

子贡反，以告孔子，曰："彼何人者邪？修行无有，而外其形骸，临尸而歌，颜色不变，无以命之，彼何人者邪？"

孔子曰："彼，游方之外者也；而丘，游方之内者也。外内不相及，而丘使女往吊之，丘则陋矣。彼方且与造物者为人，而游乎天地之一气。彼以生为附赘县疣，以死为决疣溃痈，夫若然者，又恶知死生先后之所在！假于异物，托于同体；忘其肝胆，遗其耳目；反覆终始，不知端倪；芒然彷徨乎尘垢之外，逍遥乎无为之业。彼又恶能愦愦然为世俗之礼，以观众人之耳目哉！"

子贡曰："然则夫子何方之依？"

孔子曰："丘，天之戮民也。虽然，吾与汝共之。"

子贡曰："敢问其方。"

孔子曰："鱼相造乎水，人相造乎道。相造乎水者，穿池而养给；相造乎道者，无事而生定。故曰，鱼相忘乎江湖，人相忘乎道术。"

子贡曰："敢问畸人。"

曰："畸人者，畸于人而侔于天。故曰，天之小人，人之君子；天之君子，人之小人也。"

（第六部分）

颜回问仲尼曰："孟孙才，其母死，哭泣无涕，中心不戚，居丧不哀。无是三者，以善处丧盖鲁国。固有无其实而得其名者乎？回壹怪之。"

仲尼曰："夫孟孙氏尽之矣，进于知矣。唯简之而不得，夫已有所简矣。孟孙氏不知所以生，不知所以死；不知孰先，不知孰后；若化为物，以待其所不知之化已乎！且方将化，恶知不化哉？方将不化，恶知已化哉？吾特与汝，其梦未始觉者邪！且彼有骇形而无损心，有旦宅而无耗精。孟孙氏特觉，人哭亦哭，是自其所以乃。且也相与吾之耳矣，庸讵知吾所谓吾之非吾乎？且汝梦为鸟而厉乎天，梦为鱼而没于渊。不识今之言者，其觉者乎，其梦者乎？造适不及笑，献笑不及排，安排而去化，乃入于寥天一。"

（第七部分）

意而子见许由。许由曰："尧何以资汝？"

意而子曰："尧谓我：'汝必躬服仁义而明言是非。'"

许由曰："而奚来为轵？夫尧既已黥汝以仁义，而劓汝以是非矣，汝将何以游夫遥荡姿睢转徙之涂乎？"

意而子曰："虽然，吾愿游于其藩。"

许由曰："不然。夫盲者无以与乎眉目颜色之好，盲者无以与乎青黄黼黻之观。"

意而子曰："夫无庄之失其美，据梁之失其力，黄帝之亡其知，皆在炉捶之间耳。庸讵知夫造物者之不息我黥而补我劓，使我乘成以随先生邪？"

许由曰："噫！未可知也。我为汝言其大略。吾师乎！吾师乎！齑万物而不为义，泽及万世而不为仁，长于上古而不为老，覆载天地刻雕众形而不为巧，此所游已。"

（第八部分）

颜回曰："回益矣。"

仲尼曰："何谓也？"

曰：回忘礼乐矣。

曰："可矣，犹未也。"

他日，复见，曰："回益矣。"

曰："何谓也？"

曰："回忘仁义矣。"

曰："可矣，犹未也。"

他日，复见，曰："回益矣。"

曰："何谓也？"

曰："回坐忘矣。"

仲尼蹴然曰："何谓坐忘？"

颜回曰："堕肢体，黜聪明，离形去知，同于大通，此谓坐忘。"

仲尼曰："同则无好也，化则无常也，而果其贤乎！丘也请从而后也。"

（第九部分）

子舆与子桑友，而霖雨十日。子舆曰："子桑殆病矣！"裹饭而往食之。至子桑之门，则若歌若哭，鼓琴曰："父邪！母邪！天乎！人乎！"有不任其声而趋举其诗焉。

子舆入，曰："子之歌诗，何故若是？"

曰："吾思夫使我至此极者而弗得也。父母岂欲吾贫哉？天无私覆，地无私载，天地岂私贫我哉？求其为之者而不得也。然而至此极者，命也夫！"

应帝王

【原文】

齧缺问于王倪[1]，四问而四不知[2]。齧缺因跃而大喜，行以告蒲衣子[3]。

蒲衣子曰："而乃今知之乎？有虞氏不及泰氏[4]。有虞氏，其犹藏仁以要人[5]；亦得人矣，而未始出于非人[6]。泰氏，其卧徐徐[7]，其觉于于[8]；一[9]以己为马，一以己为牛；其知情[10]信，其德甚真，而未始入于非人。"

【注释】

（1）齧缺问于王倪：齧缺问王倪。齧（niè）缺、王倪，人名。

（2）四问而四不知："四问"即：一问"知物之所同是乎？"二问"知子之所不知邪？"三问"物无知邪？"四问"知厉害乎？"王倪都答不上来。此事见《齐物论》。

（3）蒲衣子：寓言人物。

（4）有虞氏不及泰氏：有虞氏赶不上泰氏。虞氏、泰氏，寓言中人物。

（5）其犹藏仁以要人：标榜仁义聚拢人心。

（6）非人：违背人的本性。非，相违背。

（7）徐徐：宽缓安闲的样子。

（8）于于：为"迂迂"之借字，悠游自得的样子。

（9）一：一会儿。

（10）情：本性。

【今译】

　　齧缺问王倪，问了四次而四次都回答说不知晓。齧缺因此高兴地跳跃起来，走去告诉蒲衣子。

　　蒲衣子说："你如今知晓了吗？有虞氏赶不上泰氏。有虞氏，标榜仁义聚拢人心；虽然也可得人心，但是还没有超越外物的牵累。泰氏睡卧安闲舒缓，觉醒时悠游自得；一会儿把自己当作马，一会儿把自己当作牛；其智本性诚信，其德行非常真实，而没有受外物的牵累。"

【体悟】

　　（1）"其犹藏仁以要人"之义

　　这句话解译为：将"仁义"藏在心中，以要求人。《道德经》第十九章："绝圣弃智，民利百倍；绝仁弃义……见素抱朴，少私寡欲。"这都在说明，修"道"只有绝弃、丢弃"仁义"，才能得"道"。

　　（2）"其知情信，其德甚真，而未始入于非人"之义

　　这段话解译为：其智诚信，其德行非常真实，而没有开始就违背了人的本性。《道德经》第二十一章："道之为物，惟恍惟惚。惚兮恍兮，其中有象；恍兮惚兮，其中有物。窈兮冥兮，其中有精；其精甚真，其中有信。"庄子的"其知情信，其德甚真"与老子的"其精甚真，其中有信"是一个意思，都是描述"道"的，只不过是老子在《道德经》中描写得更详细。

166

【原文】

肩吾见狂接舆，狂接舆曰："日中始⁽¹⁾何以语女？"

肩吾曰："告我君人者以己出经式义度⁽²⁾，人孰敢不听而化诸⁽³⁾！"

狂接舆曰："是欺德⁽⁴⁾也。其于治天下也，犹涉海凿河，而使蚊负山也。夫圣人之治也，治外⁽⁵⁾乎？正而后行⁽⁶⁾，确乎能其事⁽⁷⁾者而已矣。且鸟高飞以避矰弋⁽⁸⁾之害，鼷鼠深穴乎神丘⁽⁹⁾之下，以避熏凿⁽¹⁰⁾之患，而曾⁽¹¹⁾二虫之无如！"

【注释】

（1）日中始：假托的寓言人物。

（2）经式义度：制定法度。义，读为"仪"。"经式""仪度"这里都指法度。

（3）化诸：随之变化啊。诸，表示语气，相当于"啊"。如《诗·邶风·日月》："日居月诸，照临下土。"

（4）欺德：欺诳的做法。

（5）治外：用法度绳之于外。

（6）正而后行：正，指顺应本性。行，指推行教化。

（7）确乎能其事者：任人各尽所能。

（8）矰弋：弓箭。矰（zēng），系有丝绳用来弋射的短箭。弋（yì），用丝绳系在箭上射飞鸟。

（9）鼷鼠深穴乎神丘：老鼠知晓深藏于神坛之下。鼷（xī）鼠，小鼠。神丘，社坛。

（10）熏凿：用烟熏洞、用铲掘地。

（11）曾（zēng）：竟、竟然。多用于古代文言文中。

【今译】

肩吾见狂接舆，狂接舆问说："日中始对你说了些什么？"

肩吾说："他告诉我做国君的要凭借自己的意志来制定法度，人们谁敢不听从而随之变化啊！"

狂接舆说："这完全是欺骗人的。这样去治理天下，就好像徒步下海开凿河道，而使蚊虫背负大山一样。圣人治理天下，是用法度绳之于外吗？圣人是先正自己的本性而后感化他人，任人各尽所能罢了。鸟儿知晓高飞以躲避弓箭的伤害，老鼠知晓深藏于神坛之下，以避开烟熏或铲掘的祸患，人竟然还比不上这两种虫子！"

【原文】

天根游于殷阳⁽¹⁾，至蓼水⁽²⁾之上，适遭无名人⁽³⁾而问焉，曰："请问为⁽⁴⁾天下。"

无名人曰："去⁽⁵⁾！汝鄙人也，何问之不豫⁽⁶⁾也！予方将与造物者为人⁽⁷⁾，厌⁽⁸⁾，则又乘夫莽眇之鸟⁽⁹⁾，以出六极之外，而游无何有之乡⁽¹⁰⁾，以处圹埌⁽¹¹⁾之野。汝又何帛⁽¹²⁾以治天下感予之心为？"

又复问。

无名人曰："汝游心于淡⁽¹³⁾，合气于漠⁽¹⁴⁾，顺物自然而无容私⁽¹⁵⁾焉，而天下治矣。"

【注释】

（1）天根游于殷阳：天根，虚构的人名。殷，山名。殷阳，指殷山的南面。"山南为阳，山北为阴"与我国的地理环境有关。

（2）蓼（liǎo）水：水名。

（3）适遭无名人：正巧遇上无名人。遭，逢、遇上。无名人，虚构的人名。

（4）为：这里是治理的意思。

（5）去：离开、走开，这里有呵斥、不屑多言之意。

（6）豫：悦、愉快。

（7）予方将与造物者为人：正要与大道同游。为人，即结为伴侣。
　　　　人，偶。

（8）厌：厌烦。

（9）乘夫莽眇之鸟：驾驭深远的真气。乘，驾驭。莽眇，深远、高远。
　　　　莽，广大、辽阔。眇，微小。鸟，喻真气（道）运行。

（10）无何有之乡：什么都不存在的地方。

（11）圹埌（kuàng làng）：无边无际的样子。

（12）帠："帠"字书未录此字，旧注读音义（yì），疑为"臬"字之误。
　　　　"臬"当是"寱"的借字，说梦话的意思，无名人认为天根的问话
　　　　象是梦吃。

（13）游心于淡：游心于恬淡之境。

（14）漠：古通作"寞"，这里指清静无为。

（15）无容私：不参私意。

【今译】

　　天根游于殷阳，来到蓼水河边，正巧遇上无名人而问说："请问治理
天下的方法。"

　　无名人说："去吧！你这个见识浅薄的人，怎么问让人不愉快的问
题！我正打算跟造物者结成伴侣，厌烦了，就驾驭深远的真气，超脱于
'六极'之外，而游于在什么也不存在的地方，处在广阔无边的原野。你
又为什么拿怎么能治理天下的梦话来扰乱我的心呢？"

　　天根又再问。

　　无名人说："游心于恬淡之境，清静无为，顺应事物的自然本性而不
参私意，天下就治理好了。"

【体悟】

"汝游心于淡，合气于漠，顺物自然而无容私焉，而天下治矣"之义。

这段话解译为："你心专一于恬淡，合气于寂静无声之境，顺应事物的自然本性而不参私意，天下就治理好了。""德充符"一文阐述很清楚，"德充足"就会得到人们的尊敬和爱戴，"天下"也就能治理好了。

【原文】

阳子居⁽¹⁾见老聃，曰："有人于此，向疾强梁⁽²⁾，物彻疏明⁽³⁾，学道不勌⁽⁴⁾。如是者，可比明王乎？"

老聃曰："是于圣人也，胥易技系⁽⁵⁾，劳形怵心⁽⁶⁾者也。且也虎豹之文来田⁽⁷⁾，猨狙之便来藉⁽⁸⁾。如是者，可比明王乎？"

阳子居蹴然曰："敢问明王之治。"

老聃曰："明王之治，功盖天下而似不自己，化贷万物而民弗恃⁽⁹⁾；有莫举名⁽¹⁰⁾，使物自喜⁽¹¹⁾；立乎不测⁽¹²⁾，而游于无有⁽¹³⁾者也。"

【注释】

（1）阳子居：人名。

（2）向疾强梁："向疾"就是像回声那样迅疾敏捷。向（嚮），通作"响"，回声。强梁，强干果决。这一句是说遇事果决，行动极快。

（3）物彻疏明：彻，洞彻。疏明，通达明敏。

（4）勌（juàn）："倦"字的异体。

（5）胥易技系：胥吏治事为技能所累。胥，古代的小官。易，为占卜之官。

（6）劳形怵心：劳苦形骸扰乱心神。劳形，使身体劳苦。怵（chù）心，心里感到恐惧、害怕。

（7）虎豹之文来田：虎豹因为皮有纹而招人来田猎。文，纹，这里指具有纹饰的皮毛。来，使……来。田，田猎。

（8）猿狙之便执嫠之狗来藉：猕猴因为敏捷所以被人捉来拴住。猿狙，猕猴。便，便捷。执嫠，迅猛地捕捉狐狸。嫠（lí），狐狸。来藉，招致绳索的拘缚。藉，用绳索拘系。

（9）化贷万物而民弗恃：教化施及万物而百姓却不觉得有所依赖。化，教化。贷，推卸、施及。恃，依赖。

（10）有莫举名：有功德而不能用名称说出来。举，言。

（11）使物自喜：使万物各得其所。

（12）立乎不测：立于不可测识。

（13）游于无有：专心于"无为"与"有为"的境界。

【今译】

　　阳子居去见老聃，问说："有这样一个人，遇事果决，行动疾快，通达明敏，学道精勤不倦。这样的人，可以跟明王相比吗？"

　　老聃说："在圣人看来，胥吏治事为技能所累，劳苦形骸扰乱心神。而且虎豹因为皮有纹而招人来田猎，猕猴因为敏捷所以被人捉来拴住。这样的人，可以和明王相比吗？"

　　阳子居惭愧地说："敢问明王怎样治理天下。"

　　老聃说："明王治理天下，功绩普盖天下却像和自己不相干，教化施及万物而百姓却不觉得有所依赖，虽有功德却不能用名称说出来，他使万物各得其所；而自己立于不可测识的地位，有心于无为有为的境界。"

【原文】

　　郑有神巫曰季咸(1)，知人之死生存亡，祸福寿夭，期以岁月旬日，若神(2)。郑人见之，皆弃而走。列子(3)见之而心醉，归，以告壶子，曰："始吾以夫子之道为至矣，则又有至焉者矣。"

壶子曰："吾与汝既其文，未既其实⁽⁴⁾，而固得道与？众雌而无雄，而又奚卵⁽⁵⁾焉！而以道与世亢⁽⁶⁾，必信，夫故使人得而相汝。尝试与来，以予示之。"

明日，列子与之见壶子。出而谓列子曰："嘻！子之先生死矣！弗活矣！不以旬⁽⁷⁾数矣！吾见怪焉，见湿灰⁽⁸⁾焉。"

列子入，泣涕沾襟以告壶子。壶子曰：乡吾示之以地文⁽⁹⁾，萌乎不震不正⁽¹⁰⁾。是殆见吾杜德机⁽¹¹⁾也。尝又与来。"

明日，又与之见壶子。出而谓列子曰："幸矣，子之先生遇我也！有瘳⁽¹²⁾矣，全然有生矣！吾见其杜权⁽¹³⁾矣。"

列子入，以告壶子。壶子曰："乡吾示之以天壤⁽¹⁴⁾，名实不入⁽¹⁵⁾，而机发于踵⁽¹⁶⁾。是殆见吾善者机⁽¹⁷⁾也。尝又与来。"

明日，又与之见壶子。出而谓列子曰："子之先生不齐⁽¹⁸⁾，吾无得而相焉。试齐，且复相之。"

列子入，以告壶子。壶子曰："乡吾示之以太冲莫胜⁽¹⁹⁾。是殆见吾衡气机⁽²⁰⁾也。鲵桓之审⁽²¹⁾为渊，止水之审为渊，流水之审为渊。渊有九名，此处三焉⁽²²⁾。尝又与来。"

明日，又与之见壶子。立未定，自失⁽²³⁾而走。壶子曰："追之！"列子追之不及，反，以报壶子曰："已灭⁽²⁴⁾矣，已失矣，吾弗及已。"

壶子曰："乡吾示之以未始出吾宗⁽²⁵⁾。吾与之虚而委蛇⁽²⁶⁾，不知其谁何⁽²⁷⁾，因以为弟靡⁽²⁸⁾，因以为波流⁽²⁹⁾，故逃也。"

然后列子自以为未始学⁽³⁰⁾而归，三年不出。为其妻爨⁽³¹⁾，食⁽³²⁾豕如食人。于事无与亲⁽³³⁾，雕琢复朴⁽³⁴⁾，块然独以其形立⁽³⁵⁾。纷而封哉⁽³⁶⁾，一以是终。

【注释】

（1）郑有神巫曰季咸：郑国有神巫的人名叫季咸。神，指其预卜十分
　　灵验。巫，巫，占卜识相的人。这个故事亦出现于《列子》。《列
　　子·黄帝篇》说："有神巫自齐来，虞于郑，命曰季咸。"

（2）"期以岁月旬日，若神"：指预言年、月、日，准确如神。期，预卜
的时期。

（3）列子：即列御寇，郑国人。下句的壶子，传说是列子的老师。

（4）"吾与汝既其文，未既其实"：我为你讲了道的名相，尚未讲道的究
竟。既，尽、全。文，纹饰、外在的东西。实，本质。

（5）卵：产卵的意思。

（6）亢：通作"抗"，匹敌、对付的意思。

（7）旬：十日。

（8）湿灰：面如湿灰。灰，喻其毫无生气。

（9）乡吾示之以地文：刚才我将面相显示给他的是地文心境寂静。乡，
本作"曏"，亦作"向"，过去、先前的意思。示，显露。地文，大
地上的纹理。大地是寂然不动的，这里喻指寂然不动的心境。

（10）萌乎不震不正：萌生不动又不合乎常情。萌，萌生。震，动。正，
合乎法度、规律、常情。

（11）殆见吾杜德机：大概见我闭塞的生机。殆，大概、几乎。杜，闭
塞。德机，至德的生机。

（12）瘳（chōu）：病愈，这里指病兆大大减轻。

（13）杜权：闭塞的生机，含有闭塞的生机出现活动的意思。权，变、
动。

（14）天壤：天地，这里指像天与地之间那样的相对与感应。

（15）名实不入：名声和实利不入于心。名实，名声和实利。不入，指不
为所动，不能进入到内心。

（16）机发于踵：而一线生机从脚跟升起。踵，脚后根。

（17）善者机：一线生机。

（18）不齐：面相的元素不齐整。

（19）太冲莫胜：极其太虚的境界。太冲，太虚。

（20）衡气机：内气持平。衡，平。

（21）鲵桓之审：大鱼盘旋之处。鲵（ní），鲸鱼，这里泛指大鱼。桓，
盘桓。审，"审"的繁体字为"審"，通作"潘"，指水回流而聚积

的地方。

（22）此处三焉：这里说了渊的三种情况。所谓"三渊"，喻指前面提到的"杜德机""善者机""衡气机"三种神态。九渊之名见于《列子·黄帝篇》："鲵旋之潘为渊，止水之潘为渊，流水之潘为渊，滥水之潘为渊，沃水之潘为渊，氿水之潘为渊，雍水之潘为渊，汧水之潘为渊，肥水之潘为渊，是为九渊焉。"

（23）自失：不能自持。

（24）灭：消逝了踪影。

（25）未始出吾宗：未滋生出示我的根本。始，滋生。宗，源、根本。

（26）吾与之虚而委蛇：虚，虚假。委蛇，随顺应付。蛇（yí）曲折行进貌。

（27）不知其谁何：不能够了解我的究竟。谁何，什么。

（28）以为弟靡：如草遇风披靡。以为，以之为，把自己变成。弟靡，颓废顺从。弟，即"稊"，茅草类。

（29）波流：像水波一样逐流。

（30）未始学：从不曾学过道。神巫季咸逃跑后，列子悟到老师壶子的道术深不可测，而神巫的巫术实是浅薄，觉得自己从不曾求师学道似的。

（31）爨（cuàn）：烧火行炊。

（32）食（sì）：饲养，给……吃的意思。

（33）无与亲：无亲疏之别、没有偏私。

（34）雕琢复朴：恢复到原本的质朴纯真。雕琢，指原来的华饰。复朴，恢复朴实的"道"。

（35）块然独以其形立：像大地一样独立于世。块然，如土块。

（36）纷而封哉：在纷纭的世上持守本真。纷，这里指世间的纷扰。封，守，这里指能够持守本真。

（38）一以是终：终身常如此。一，如一、贯一。

【今译】

郑国有神巫的人名叫季咸，能知人的生死存亡，祸福寿夭，所预卜的年、月、旬、日都准确应验，像是神人。郑国人见了他，都背弃而避开他。列子见到他却内心折服如醉如痴，回来后，把见到的情况告诉老师壶子，并且说："起先我总以为先生的道行最为高深，现在知晓又有更高的人。"

壶子说："我教给你的只是'道'的现象，还未教给你'道'的实质，你以为得'道'了吗？只有众多的雌性而无雄性，而又怎么能生出受精的卵呢！你用所学到的道的现象跟世人相匹敌，而且一心求取别人的信任，使人窥伺到你的相。你试着跟他一块儿来，看看我的相。"

下一天，列子与季咸一起见壶子。季咸走出门来对列子说："唉！你的先生快要死了！不能活了，过不了十来天了！我见他怪异形色，面如湿灰一样。"列子进到屋里，泪水弄湿了衣襟，把季咸的话告诉给壶子。壶子说："刚才我将面相显示给他的是'地文'——心境寂静，萌生不动又不合乎常情，他大概见我闭塞的生机。再请他来看看。"

下一天，列子又邀请神季咸来见壶子。季咸走出门来对列子说："幸运啊，你的先生遇上了我！有救了，完全有了生机，我看他闭塞的生机中神气微动的情况。"列子进到屋里，把季咸的话告诉给壶子。壶子说："刚才我将面相显示给他的是天地间的生气，名声和实利不入于心，而一线生机从脚跟升起。他大概见了我的一线生机。你再请他来看看。"

下一天，列子又邀季咸来看壶子。季咸走出门来就对列子说："你的先生面相为精神恍惚不定，我无法得到他的真相。等他心神安宁的时候，再来给他看相。"

列子进到屋里，把季咸的话告诉给壶子。壶子说："刚才我将面相显示给他的是极其太虚的境界，他大概看到我是平衡的机兆。大鱼盘旋之处成为深渊，止水之处成为深渊，水回流而聚积之处成为深渊。渊有九种，我给他看的只有三种。你再请他来看看。"

下一天，列子又邀咸季来见壶子。季咸还没有站定，就不能自控地逃跑了。壶子说："追上他！"列子没能追上，回来告诉壶子说："不见踪影了，不知去向了，我没能追上他。"

壶子说："我刚才将面相显示给他看竟未滋生出我的根本（真相）。我与他虚假随顺应变，他不能了解我的究竟，如草遇风披靡，如水随波逐流一样，所以他就逃跑了。"

这之后，列子自己像从未曾拜师学道似的回到了自己的家里，三年（多年）不出门。帮助妻子烧火做饭，喂猪就像侍侯人一样。对于事物不分亲疏没有偏私，摒弃华饰恢复到原本的朴真，像大地一样独立于世。在纷纭的世上持守本真，终生如此。

【体悟】

（1）"机发于踵"之义

这句话解译为：而一线生机从脚跟升起。《大宗师》："真人之息以踵，众人之息以喉。"这都说明真人的气息可以达到脚跟的真实性。

（2）这则故事记录了列子的师父壶子被人相面的事，真人可以任意调节自身的气息呈现在自己的面目上，使自己的面目呈现出不同的颜色、气色、神色等。相面的人根本判断不出"高人"真实的情况。

【原文】

无为名尸[1]，无为谋府[2]；无为事任[3]，无为知主[4]。体[5]尽无穷，而游无朕[6]；尽其所受乎天，而无见[7]得，亦虚[8]而已。至人之用心若镜，不将[9]不迎，应而不藏[10]，故能胜物而不伤[11]。

【注释】

（1）无为名尸：无为就是名状失气亡神。名，名状。尸，失气亡神。

（2）无为谋府：无为就是设法求得（真气）集聚。谋，设法求得。府，集聚。

（3）无为事任：无为就是（真气）营养。事，奉、营。任，保、养。

（4）无为知主：无为就是君（心）主处于是是非非状态。知，是是非非。如《荀子·修身篇》："是是非非谓之知。"主，君主。

（5）体：体验、体会，这里指"道"。

（6）无朕：没留下踪迹。朕（zhèn），迹象。

（7）见（xiàn）：现。

（8）虚：指心境虚空淡泊。

（9）将：送。

（11）能胜物而不伤：所以能受得住（道）而不劳心神。胜，受得住。伤，劳神。

【今译】

无为就是名状失气亡神（如枯木）；无为就是设法求得（真气）集聚；无为就是（真气）营养；无为就是君（心）主处于是是非非状态。体验着无穷的大道，游心于寂静的境域；竭力做到所受于自然，而不出现道时，也要保持虚空的心境罢了。至人之心犹如平静的水，不送行不迎接它（道），接受它而不贮藏，所以能受得住（道）而不劳心神。

【体悟】

（1）"无为"之义

本段话中一连用了四个"无为"，那么，"无为"是什么意思呢？这里的"无为"同于《道德经》中多次提到的"无为"。"无为"是修炼者必备的践行方法或措施。"无为"的意思就是修炼者修炼时什么也不想，相当于庄子提出的"心斋""坐忘"。《道德经》第六十三章："为无为，事无事，味无味……天下难事必作于易，天下大事必作于细。是以圣人

177

终不为大，故能成其大。"

（2）"至人之用心若镜"之义

这句话解译为：至人之心犹如平静的水。这是描述修炼人的心境。《庄子·天下》："其动若水，其静若镜，其应若响。"这很好解释了这句话。有人将"镜"解译为"照镜子"的镜，这是大错特错！

【原文】

南海之帝为儵[1]，北海之帝为忽[2]，中央之帝为浑沌[3]。儵与忽时相与遇于浑沌之地，浑沌待之甚善。儵与忽谋报浑沌之德，曰："人皆有七窍[4]以视听食息，此独无有，尝试凿之。"日凿一窍，七日而浑沌死。

【注释】

（1）儵（shū）：同"倏"，《广雅》："疾也。"

（2）忽：急速。

（3）浑沌：也称"混沌"，有多种含义。

（4）七窍：人头部的七个孔穴，即两眼、两耳、两鼻孔和嘴。

【今译】

南海之帝名叫儵，北海之帝名叫忽，中央之帝名叫浑沌。儵与忽常常相会于浑沌之处，浑沌待他们很好，儵和忽商量报答浑沌之恩德，说："人都有眼耳口鼻七窍用来看、听、饮食、呼吸，唯独浑沌没有，我们试着为他凿个七窍。"他们每天为他凿出一窍，到了第七天浑沌就死了。

【体悟】

（1）"儵、忽"的含义

"儵（倏）、忽"都是虚拟的名字，但用字有寓意。与庄子同一历史时期的文献中也有"儵、忽"一词的运用。《楚辞·九歌》："荷衣兮蕙带，儵而来兮忽而逝。"《楚辞·天问》："雄虺九首，儵忽焉在?《楚辞·九章》："据青冥而摅虹兮，遂儵忽而扪天。"《楚辞·九辩》："愿寄言夫流星兮，羌倏忽而难当。"《楚辞·招魂》："雄虺九首，往来倏忽，吞人以益其心些。"《楚辞·远游》："神倏忽而不反兮，形枯槁而独留。内惟省以端操兮，还应正气之所由。漠虚静以恬愉兮，澹无为而自得。"这段话的意思是："神倏忽而不返回，留下枯槁的身形。自我觉悟以端正持守，应真气自由产生。清虚宁静中自有愉悦，淡泊无为道自得。"

从以上应用中，"儵、忽"多为"疾""走"的意思。

（2）浑沌的含义

"浑沌"也写作"混沌"，有多种含义。天地开辟前元气未分、模糊一团的状态；浑然一体、不可分剖貌；模糊、不分明；糊涂。

（3）帝、王的含义

"帝"是指创造和主宰宇宙万物的天神。《尚书·洪范》："帝乃震怒，不畀洪范九畴。""王"一般指君主、最高统治者。

（4）庄子巧妙的用"儵、忽""浑沌"称为"帝神"。其实庄子将"儵、忽"喻为"真气"，也就是"道"；将"浑沌"喻为"心君"，也就"心神"。

（5）"南海、北海、中央"之义

古人将方位的认知为：上阳、下阴；上南、下北。"南海"喻人的头部上丹田；"北海"喻人的腹部下丹田；"中央"喻人的中部心神。

（6）本则寓言的真实含义

本则寓言实则是描述人"修道"时的正确状态。当人修炼得道时，真气（道）从下丹田运行，通过"督脉"上行至"上丹田"，然后再由"上丹田"下行到"任脉"，在回返到"下丹田"。这样，循环往复，以致无穷。修炼之人，能够得道，其"心神"必须处于"无为"或者"愚钝""糊涂"状态，或者叫做"弃智"状态。修道时，心神（中央之地）需要"糊涂"，心神需要"无门无毒，一宅而寓于不得已，则几矣。"而

"儵、忽"（南海北海之帝）将心神（浑沌）"开门""通智"——凿窍。"窍"凿开了，"心神"就死了；不能使人身"得道"了——"道"（儵、忽）也就"无"（没）了！

（7）其他

第一篇《逍遥游》大鹏鸟从北海飞到到南海；第七篇《应帝王》的北海之帝与南海之帝相遇，其寓意是什么呢？一层意思是七篇首尾照应；二层意思是"任督"二脉相通了。"小周天"（南北之"帝"到中央之"帝"玩）。

庄子的弟子，没有理解或者进一步进行补充，又撰写了《知北游》一文，以进一步明确由"北"到"南"，又由"南"到"北"的"小周天"。《逍遥游》由北（下丹田）到南（上丹田），说明《庄子》内七篇是一个统一体，从首篇《逍遥游》督脉的运行，到尾篇《应帝王》的任督二脉的打通，已表示"功成圆满"之义了。

【本篇小结】

题目《应帝王》含义。前人对"应帝王"的含义有两种解释，一种是"应该"，一种是"回应"。《知北游》："知谓黄帝曰："吾问无为谓，无为谓不应我，非不我应，不知应我也。"通读内篇，笔者认为："应"为"回应"之义。"回应""内圣外王"两个方面问题。回应"内圣"修"道"；回应"外王""无为而治"。

全篇可分为七个部分。第一部分，齧缺问于王倪，四问而四不知，蒲衣子的对答。阐明修道"有为"不如"无为"，"无为"才能得"道"。第二部分，肩吾与狂接舆的对话，阐述圣人不用制定法度治理天下，而是先正自己的本性而后感化他人，任人各尽所能。第三部分，天根向无名人求教如何治理天下，无名人答说，要修道治身，顺应事物的自然本性而没有私欲，天下就治理好了。第四部分，阳子居拜见老聃求道与治理天下的方法，阐发明王治理天下的做法。第五部分，叙述神巫给得道的壶子看相的故事，真人可以自由运用自身真气，达到出神入化、常人无法辨别的地步。第六部分，阐述"无为"的含义和道的特征。第七部分，回应了"修炼法则"——愚心弃智的重要性！

【本篇原文】

（第一部分）

齧缺问于王倪，四问而四不知。齧缺因跃而大喜，行以告蒲衣子。

蒲衣子曰："而乃今知之乎？有虞氏不及泰氏。有虞氏，其犹藏仁以要人，亦得人矣，而未始出于非人。泰氏，其卧徐徐，其觉于于，一以己为马，一以己为牛；其知情信，其德甚真，而未始入于非人。"

（第二部分）

肩吾见狂接舆，狂接舆曰："日中始何以语女？"

肩吾曰："告我君人者以己出经式义度，人孰敢不听而化诸？"

狂接舆曰："是欺德也。其于治天下也，犹涉海凿河，而使蚉蝱负山也。夫圣人之治也，治外乎？正而后行，确乎能其事者而已矣。且鸟高飞以避矰弋之害，鼷鼠深穴乎神丘之下，以避熏凿之患，而曾二虫之无知！"

181

（第三部分）

天根游于殷阳，至蓼水之上，适遭无名人而问焉，曰："请问为天下。"

无名人曰："去！汝鄙人也，何问之不豫也！予方将与造物者为人，厌，则又乘夫莽眇之鸟，以出六极之外，而游无何有之乡，以处圹埌之野。汝又何帛以治天下感予之心为？"

又复问。

无名人曰："汝游心于淡，合气于漠，顺物自然而无容私焉，而天下治矣。"

（第四部分）

阳子居见老聃，曰："有人于此，向疾强梁，物彻疏明，学道不勌。如是者，可比明王乎？"

老聃曰："是于圣人也，胥易技系，劳形怵心者也。且也虎豹之文来田，猨狙之便执斄之狗来藉。如是者，可比明王乎？"

阳子居蹴然曰："敢问明王之治。"

老聃曰："明王之治，功盖天下而似不自己，化贷万物而民弗恃；有莫举名，使物自喜；立乎不测，而游于无有者也。"

（第五部分）

郑有神巫曰季咸，知人之死生存亡，祸福寿夭，期以岁月旬日，若神。郑人见之，皆弃而走。列子见之而心醉，归，以告壶子，曰："始吾以夫子之道为至矣，则又有至焉者矣。"

壶子曰："吾与汝既其文，未既其实，而固得道与？众雌而无雄，而又奚卵焉！而以道与世亢，必信，夫故使人得而相汝。尝试与来，以予示之。"

明日，列子与之见壶子。出而谓列子曰："嘻！子之先生死矣！弗活矣！不以旬数矣！吾见怪焉，见湿灰焉。"

列子入，泣涕沾襟以告壶子。壶子曰：乡吾示之以地文，萌乎不震不正。是殆见吾杜德机也。尝又与来。"

明日，又与之见壶子。出而谓列子曰："幸矣，子之先生遇我也！有瘳矣，全然有生矣！吾见其杜权矣。"

列子入，以告壶子。壶子曰："乡吾示之以天壤，名实不入，而机发于踵。是殆见吾善者机也。尝又与来。"

明日，又与之见壶子。出而谓列子曰："子之先生不齐，吾无得而相焉。试齐，且复相之。"

列子入，以告壶子。壶子曰："乡吾示之以太冲莫胜。是殆见吾衡气机也。鲵桓之审为渊，止水之审为渊，流水之审为渊。渊有九名，此处三焉。尝又与来。"

明日，又与之见壶子。立未定，自失而走。壶子曰："追之！"列子追之不及，反，以报壶子曰："已灭矣，已失矣，吾弗及已。"

壶子曰："乡吾示之以未始出吾宗。吾与之虚而委蛇，不知其谁何，因以为弟靡，因以为波流，故逃也。"

然后列子自以为未始学而归，三年不出。为其妻爨，食豕如食人。于事无与亲，雕琢复朴，块然独以其形立。纷而封哉，一以是终。

（第六部分）

无为名尸，无为谋府；无为事任，无为知主。体尽无穷，而游无朕；尽其所受乎天，而无见得，亦虚而已。至人之用心若镜，不将不迎，应而不藏，故能胜物而不伤。

（第七部分）

南海之帝为儵，北海之帝为忽，中央之帝为浑沌。儵与忽时相与遇于浑沌之地，浑沌待之甚善。儵与忽谋报浑沌之德，曰："人皆有七窍以视听食息，此独无有，尝试凿之。"日凿一窍，七日而浑沌死。

后　记

　　《周易》《老子》《庄子》，在中国古代合称为"三玄"。在笔者完成对《周易古经》《道德经》的诠释后，想再看看剩下的"三玄"之一的《庄子》。仔细看后，方知《庄子》原来是这样的难懂！于是，笔者产生了写一部对"庄子"进行诠释的书。对此，充分利用"互联网"信息库，查阅大量参考资料，反复揣摩，最后攻克了一个个难点、疑点。终于"悟出"了《庄子》内七篇的原义，原来《庄子》内七篇，篇篇核心都是在讲"道"！《道德经》讲"道"是"养生"；《庄子》讲"道"一是养生、二是应用。

　　老庄虽都属于道家，但也有所不同。如《道德经》中所说的"万物"是指人修炼中的"道"，"道"就是人身内的"真气"。"道生一，一生二，二生三，三生万物。万物负阴而抱阳，冲气以为和。"这"一"就是"道"——真元一气（混元一气），"二"就是由"真元一气"生出的"真元阳气"，"三"就是"和合之气"——"真元阳气"与"真元阴气"的混合体。这"万物"就是新产生的"真元阳气"。而《庄子》中的"万物"是指宇宙或天地间的"万物"。

　　解开《庄子》中的一个个"谜底"，是件非常开心的事。"天地一指也，万物一马也"——"天地大美，万物一类"。"大鹏鸟""天籁""庖丁解牛"……一个个寓言故事，其寓意都蕴藏在"大道"之中！"小周天""大周天"本是天地的运行规律，但人却可以效法天地，在人体内实现"道"的"周天"运行。首篇《逍遥游》是修炼的开始，尾篇《应帝王》是修炼的功成圆满之时。

"北冥有鱼，其名曰鲲。鲲之大，不知其几千里也。化而为鸟，其名为鹏。鹏之背，不知其几千里也；怒而飞，其翼若垂天之云。是鸟也，海运则将徙于南冥。南冥者，天池也……"

"南海之帝为儵，北海之帝为忽，中央之帝为浑沌。儵与忽时相与遇于浑沌之地，浑沌待之甚善。儵与忽谋报浑沌之德，曰：'人皆有七窍以视听食息，此独无有，尝试凿之。'日凿一窍，七日而浑沌死。"

读着《庄子》，一边欣赏它的文学艺术之美，一边欣赏或去践行"大道"之妙。人生美哉，人生妙哉！

2022年4月